「心の理論」テストはほんとうは何を測っているのか？

子どもが行動シナリオに気づくとき

熊谷高幸

新曜社

目次

目次

■装幀 臼井新太郎
■装画 朝野 ぺコ

凡例（類似した意味をもつことばの使い分けについて）

この本では、テーマに深くかかわるいくつかのことばが文脈に応じて、別のことばで言い換えられている。それらは、ほとんど同じ意味のときとわずかに違うときがあるので、ここで、その使い分けについて少し説明しておく。

第一に、**私・あなた・彼／彼女**は、**一人称**（的人物）・**二人称**（的人物）・**三人称**（的人物）とも、**第一者・第二者・第三者**とも表されている。これらは、具体的な場面をイメージしているときと抽象的な関係性を意味しているときで使い分けているだけで、その意味に違いはない。

第二に、**スクリプト**ということばは、**シナリオ**または**プログラム**と言い換えていることが多いが、ほぼ同じ意味である。このうち**プログラム**は、機械の動作や人間以外の動物の行動も表す、意味の広い概念だが、**シナリオ**は人間の行動を中心とした出来事の進行を表す。一方、**スクリプト**はもともと台本という意味だが、発達心理学では、よく経験する出来事の流れを子ども自身がイメージしたもののことをいう。そして、このスクリプトが複合化され、さまざまな場面や人物によって肉づけされたのが**物語**といえるだろう。

第三に、本文中で、**保育園**、**幼稚園**についての記述が多くあるが、近年、増加しつつある**認定こども園**も、これらと同等のものと見なされるので、それも含め読み取っていただきたい。

序章　「心の理論」テストの現場に戻る

◥サリーとアン課題とともに有名になった「心の理論」

「心の理論」（theory of mind）ということばとそれが提起した問題が世に出てからもう四〇年になる。この間、「心の理論」ということばは、心というものに関心をもつ、あらゆる分野の専門家に知られるものとなり、関連する論文が毎年数百発表されるような状況となっている。だが、「心の理論」とは何か、とあらためて聞かれると、その意味を、わかりやすく説明するのはむずかしい。心は、行動のように、その存在を外から直接確認することができない。しかし、それはその人の行動を決定し、外部に影響をもたらすこともある。だから、人々はいつも他の人の心のことを気にかけ、その内容を推測しようとする。簡単にいうと、「心の理論」とは、このような心の働きであると考えられるだろう。

このことばを最初に用いた、動物行動学者のプレマックとウッドラフは、「心の理論」をもつということは、自分や他の人の中に独立した心の動きというものがあることを前提に、その行動を説明したり予想することができるようになることである、という意味の定義をしている（Premack & Woodruff 1978）。つまり、「心の理論」とは、行動の背後にあって、それを制御する心の存在に気づくことであるように受け取れる。しかし、この定義を見ても「心の理論」はまだイメージしにくい。だが、その一方で、このことばが、これほど広く世界に浸透したのは、「心の理論」の成立を確かめることができるとする、あるテストが現れたからである。

そのテストとは、インターネットで「心の理論」と検索すれば、おびただしい数の図版で表示される、サリーとアン課題（図０－１）である（Baron-Cohen et al. 1985）。

テストの内容については、この本の中で何度も触れることになるが、ごく簡単に述べると次のようになる。サリーがビー玉をカゴの中に片づけ、その場を離れているあいだにアンがそれを箱の中に移しかえてしまう。戻ってきたサリーは、ビー玉で遊ぶためにどこを探すか、というテストである。「箱」と答えてしまう者は、ビー玉が移されたことを知らないサリーの心が読めていない、ということになる。

このテストを実際に子どもたちに適用して気づくのは、「心の理論」テストの開発者たちがいうとおり、四歳頃までの子どもや自閉症児の多くは、このテストにパスできないという結果

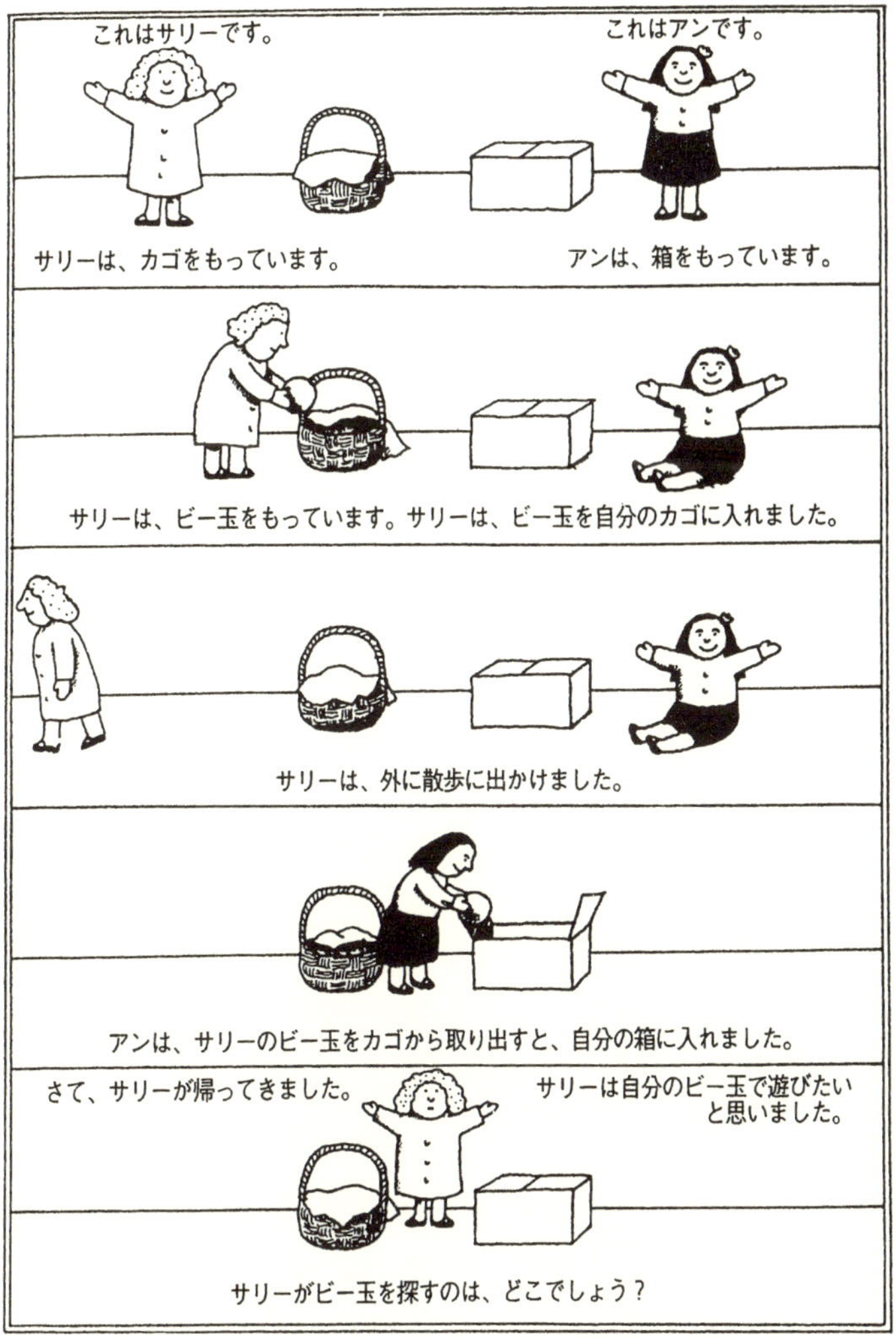

図０－１　サリーとアン課題（フリス 2009, p. 162より）

が見事に現れる、ということである。そして、この事実に衝撃を受けた、世界の人々が、このテストや、これに類する種々のテストを年齢や文化や認知特性の異なる多くの子どもたちに適用することになったのである。

◤心への気づきをどう確かめるか？

ところで、サリーとアン課題は、なぜ、「心の理論」の成立を証明する、といえるのだろうか？ 人は、行動しながら常に心を働かせている。だから、このようなテストを実施しなくても、心への気づきは示せそうな気がする。しかし、実際には、それはむずかしい。というのは、心の表れに気づくことと、心そのものの存在に気づくこととは別のことだからである。

そこで、この問題について考えるために、サリーとアン課題で、サリーがいないあいだに、ビー玉の移動はなかったと考えてみることにしよう。そのうえで、テストに参加した子どもに、サリーはビー玉で遊ぶためにどうするか、と聞いてみるとどうなるか？ すると、ほとんどの子どもは、カゴと正しく答えられるだろう。だが、その答えを出せたのは、サリーの心を読んだためとはいえない。ビー玉をカゴにしまい、再びそこを開けて遊ぶ、というのは、すべてが一連の行動の中に組み込まれているので、特に心というものをもち出さなくても答えが出せる。回答者の中には、行動を進めるときのサリーの心を意識して答えている者がいるかもしれない。

しかし、この方法では、それを確かめることができないのである。

物事が順調に進んでいるあいだは、人は心をほとんど意識しない。人が心というものを強く意識するようになるのは、思いと現実がズレているときや人と人の心の内容がズレているときである。たとえば、友だちからすすめられて読んだ本が全く面白くなかったとしたら、面白いと期待していた自分の心や、それを面白いといった友だちの心について考えることになるだろう。哲学者のダニエル・デネットは、誤りの信念（現実に合っていない思い）にもとづく人の行動を理解し、予想することだけが、「心の理論」の存在を明らかにする、と結論づけた（Dennett 1978）。そして、この結論にもとづいて作られたのが、誤信念課題と呼ばれる多くのテストであり、その代表がサリーとアン課題ということになる。

そして、冒頭で述べたように、このテストは、四歳頃を境にパスする者が急増することを明らかにするとともに、自閉症児の場合は、知的能力が高くても、パスすることが非常にむずかしいことが示されたのである。

テストにパスしない子どもも状況は読んでいる

だが、このように見事に、できる子とできない子を区別するテストでありながら、実際に適用してみてさらに気づくのは、テストにパスする子としない子の立ち居振る舞いに決定的な違いを感じにくい、ということである。課題にパスせず、まんまと、サリーはビー玉を探すために「箱を開ける」と答えてしまう子どもたちの大多数が、きちんとテーブルの前に座り、検査者の話を聞き、受け答えをする。つまり、状況の意味を知り、検査者の意図に答えようとしている。その意味では、相手の心を読もうとしているように見える。

では、なぜ、この子たちはテストにパスできないのだろうか？　それは、子どもにとって、対面する検査者の心を読むということと、話の中に出てくるサリーの心を読むということとは別だからである。検査者は、いま直接かかわっている、私‐あなた関係の中にある人である。しかし、サリーは直接かかわることができない、物語の中の人、つまり彼女（第三者）に相当する人物である。そして、このような、第三者の行動を予測するときに、心という独立したものの存在を考えなければならなくなる、ということを示すのもこの本のひとつの目的である。

サリーとアン課題で、サリーは箱を開けると答えてしまう子どもは、いまビー玉は箱に入っていることを知っている、自分の心と他者の心を混同しているからだ、と多くの人は結論づけるだろう。しかし、それだけでは、この課題の本当の意味は理解できない。自分の心は本当に自分自身が作った心なのか？　それは皆の中で作られ、皆と共有している心なのではないか？　また、他者の心というときの他者とはどのような他者なのか？　それは、あなたなのか、彼／彼女なのか？　このようなところから考えを進めていかないと「心の理論」の意味は理解できないだろう。

「心の理論」テストにパスしないのは、パスしない方向に、この時期の子どもたちの心が仕組まれているからである。この時期までに子どもたちが身につけるのは、私－あなた関係の中で行動を深めていくことである。だから、その思考方法をサリーに当てはめている、と考えられる。つまり、「心の理論」テストにパスできないことにも積極的な意味が含まれている、と考えられるのである。

◥集団の視点と個の視点

「心の理論」の成立にさしかかる前の、三～四歳というのは、まさに集団への参加を経験し始める年齢である。保育園や幼稚園に入るまでの子どもは、多くの場合、家庭の中で、親による規制はあるが、自分の意思に従い、自分のやり方で行動できる。しかし、入園後は、集団の目的に従い、集団の流れにのって行動する生活が中心になる。つまり、個の意図よりも集団の意図が優先されるようになるのである（三歳未満児の集団保育の場もあるが、そこで身につけることの中心は集団活動ではない）。

この時期の子どもの「心の理論」テストへの反応には、いま述べたような、心や行動のあり方が色濃く反映しているように思われる。テスト場面で、子どもは個の視点でなく、集団の視点で判断を下している、と考えられるのである。集団の視点とは、後で詳しく見ていくように、皆で望ましいゴールに行き着こうとする視点である。ところが、サリーとアン課題でたずねられているのは、集団でなく、サリーという個の視点なのである。しかし、「サリーとアン」などのテスト結果の表面をなぞるだけでは、そのことに気づきにくい。そこで、このテストがおこなわれる状況を見直すことで、また、集団の意図や行動をもっと反映するテストを作成することによって、「心の理論」テストが本当は何を測っているのか、を明らかにしたい。

◥「心の理論」を専門家の視点から現場の視点へ

すでに述べたように、「心の理論」は、いまや発達心理学の中心的なテーマとなり、この四〇年間に膨大な研究データが蓄積されることになった。また、その研究方法も多様になり、専門家でないと立ち入ることができない世界になりつつある。すると、「心の理論」について学ぶということは、すでに成された、それらの研究成果について学ぶということになり、自分自身の新鮮な目でその世界を見つめることがむずかしくなっている。しかし、本当は、子どもの「心の理論」は、世界中のどこにでもいる子どもたちが、どこにでもいる大人たちに見守られながら獲得するものであるはずである。だから、その現場を見つめ直すことで、まだまだ多くの発見ができるはずである。

ところが現状では、「心の理論」は上から目線の発達論になっているように見える。幼児にサリーとアン課題を適用してみてできないと、「やはりまだ幼いから」と結論する。また、自閉症の子に適用してみてできないと、「やはり自閉症だから」と結論する。高い基準を作っておいて、そこに到達しているか、いないか、で判断する。そして、届いていない子たちについて、いま、どこにいるのか、についてはあまり言及されていない。だから、子どもたちはそこに置き去りにされているのである。

これに対して、この本は、「心の理論」を、いわば下から目線の発達論に作りかえることを目的にしている。「心の理論」はどのように準備されるのか？　そして、そこにまだ到達していない子は、いまどこにいて、何を獲得しているのか？

いまでは「心の理論」について多くのテストが開発されているが、その一方で、サリーとアン課題のような標準的な方法を用いたときに、なぜ、四歳頃を境にできるものとできないものに分かれるのか、という基本的な問いにも納得できる答えが出されているとはいえない。そこに、この時期の子どもたちの生活を支配する集団の視点を取り入れて答えを出そうとするのが本書の内容である。

だが、「心の理論」テストにパスできなかった子どもたちも、やがてそれにパスできるようになる。それは、集団の見方が一段上がり、集団に参加する個の動きが見え、その心の働きも見えてくるからである。だから「心の理論」は、三歳、四歳、五歳と成長していく、子どもの心と行動の発達全体にかかわる問題である。だが、これまで、それは個人と個人の心の関係としてだけ捉えられる傾向があった。この問題が提出されて四〇年を経たいま、それを新しい視点で捉え直してみる必要がある。その方向を照らし出してみるのが本書の役割である。

1章　「心の理論」を捉え直す本書の視点

「心の理論」の華々しいデビュー

私たちは、いつも、他の人の、あるいは自分の心というものを意識して生きている。人々と気持ちよく付き合えるか、社会で成功できるか、は心の状態を適切にキャッチして動けているかどうか、にかかっているといってもいい。

そして、もっと根源的なところから見つめてみると、心の中にあるものを伝え、残し、発展させたからこそ、私たち人類の文明が成立したともいえる。それは、人以外の動物にはできなかったことである（プレマック&プレマック 二〇〇五など）。

この、心というものを意識した、人に固有の活動に、人の子どもが、いつから、どのようにして入ってくるのか、を明らかにしようとするのが「心の理論」の研究である。だから、この根源的な問いについての議論には、一九八〇年代より、発達心理学者だけでなく、動物行動学者、哲学者、言語学者、人類学者、脳科学者、さらには数学者やコンピュータ科学者までもが参入してくることになった。そして、以後、このテーマについて、毎年、世界中で数百という論文が発表されるようになったのである（「心の理論」に関するさまざまな研究については、バロン・コーエンほか 一九九七、ミッチェル 二〇〇〇、子安 二〇〇〇、フリス 二〇〇九、子安編 二〇一六、尾崎・森口編 二〇一八などを参考にしてください）。

しかし、がらりと目を転じてみると、「心の理論」の議論にほとんど参入してこなかった人々がいる。それは、まさに「心の理論」を獲得しようとしている当の子どもたちの親であり、また、保育士や教師など教育に直接かかわる人々であり、また、自閉症の当事者たちである。「心の理論」ということばと、その重要性については、これらの人々も薄々気づいてきてはいるだろう。しかし、それを彼らが自分たちの日常に結びつけにくいしかけが、この議論の中に含まれているのではないだろうか。そのしかけがどのようなものか、については、この本で少し時間をかけて説明していきたい。

◥「心の理論」はなぜ重要か？

しかし、このような事情があるにもかかわらず、「心の理論」の成立は人の発達にとって非常に重要なものである。

人が生きる世界をごく大ざっぱに分けてみると、対物世界と対人世界に分かれる。このうち対物世界を広げ深めていく過程の発達段階については、スイスの発達心理学者、ジャン・ピアジェが明らかにし、個々の子どもがどの段階にいるのかを明らかにするための多くの方法を提案した（ピアジェ 一九六七など）。しかし、ピアジェは、対人世界の発達については多くを語ることなく、その仕事を終えることになった。

ところが、子どもの成長過程には対人関係のトラブルが多く現れる。また、自閉症者のように、対物世界と比べて対人世界を深めることに極端な困難を示す人々がいる。すると、ピアジェの発達段階論では片手落ちということになるのである。

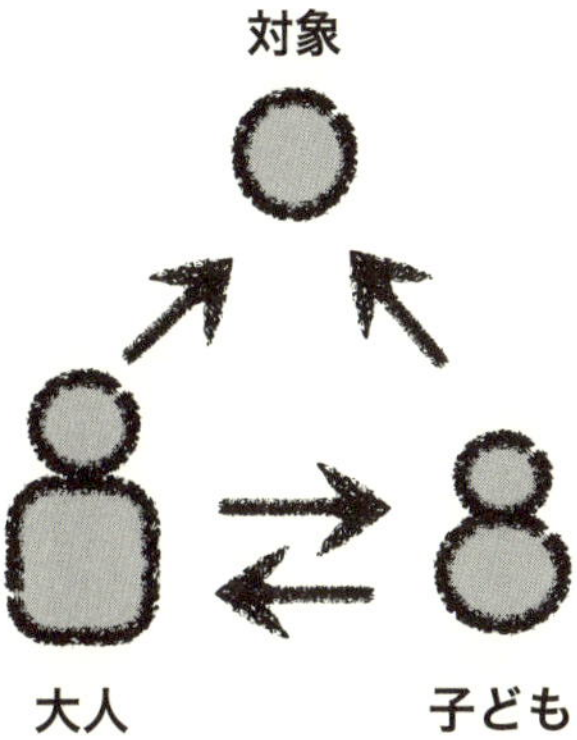

図1－1 三項関係の構造

さらに、対人世界の発達が十分でないと、対物世界を発達させることさえむずかしくなる。というのは、幼い子どもは、大人の助けなしでは、対物世界を広げることができないからである。たとえば、大人とのかかわりが乏しく言語を獲得できなかった子どもは、色、形、大きさなどの概念をもつことさえできない。

そこで登場したのが共同注意の成立についての議論で

ある。共同注意とは、図1-1に示したように、子ども、大人、対象の三項から成る関係のもとで、二人が同じ対象に同時に注意を向ける現象で、一般に、一歳の誕生日の少し前に現れる（トレヴァーセンほか 二〇〇五など）。それは、対象を見つめながら、ときどき顔を見合わす、声を出す、指さす、物を相手に手渡す、受け取る、などの行為として現れるものである。

つまり、ここでは、人とのかかわりと対象へのかかわりが同時に現れており、対人行動と対物行動が合体し始めている。だから、共同注意の成立は、人の発達を総体として捉えるうえで、非常に重要な局面ということができる。また、自閉症児には、この共同注意の成り立ちに障害があることが見出されている（Mundy et al. 1989など）。彼らが他の人々と共同の場をもちにくいことの根源には、このような問題が潜んでいると考えられるのである。

そして、対人関係の発達の次の大きな区切り目として注目されるようになったのが、本書のテーマである「心の理論」の成立だった。すでに述べたように、「心の理論」は、通常の幼児では四～五歳で成立する。しかし、自閉症児の場合は、もっと年長で知的レベルが高いものでも成立しにくいのである（Baron-Cohen et al. 1985, バロン＝コーエン 二〇〇二など）。

こうして、人の心理発達の研究は、ピアジェによる対物世界の認識についての研究に続き、対人世界の心理発達についても大きな区切り目が見出されたのである。

◥「心の理論」に対して現れ始めた疑問

だが、「心の理論」がデビューし、さまざまな分野でさまざまな議論が展開された後に、新たな疑問が生まれた。それは、ひとくちに「心の理論」といっても、同じものを指しているのか、という疑問である。

実は、この疑問の声は、「心の理論」がデビューしてまもなくから、心理学のさまざまな流派の中で生まれ始め、最近になって大きな声になってきたといえる（内藤 二〇一一、二〇一六など）。ただし、その経過を詳細にたどると煩雑になるので、ここではそれを次の三点にまとめて示しておくことにする。

一　「心の理論」は、四歳半頃に一挙に達成されるものなのか？
二　文化や環境による違いはないか？
三　他から独立した純度の高い心理機能か？

一の、「心の理論」の達成年齢については、サリーとアン課題などを、定められた手続きに従って適用すると、たしかに四歳半頃を境にして、パスする者としない者に分けることができる。しかし、後で述べるように、実施方法や質問の仕方を変えてみると異なる結果になり、達成年齢が早まる場合もあれば遅れる場合もある。

さらに、この問題については、最近になって新しい議論が生まれている。それは、注視時間法という、言語を用いない検査法が用いられるようになり（これについては、開 二〇一一に詳しい説明がある）、それが「心の理論」テストにまで適用されるようになったからである。その結果、子どもは、早くも一五か月で、誤信念課題にパスすることができるというデータまで出てくることになった（Onishi & Baillargeon 2005）。しかし、注視時間法は言語を用いずに検査ができるという利点がある一方で、視線という、さまざまな解釈が可能な指標を用いている、という弱点もある。そこで、この本では、この研究については、「心の理論」についての議論をひととおり終えた後、終章で詳しく紹介するとともに位置づけをしておきたい。

次に、二の、文化圏による違いについては、欧米で作られた「心の理論」テストが広く世界各地で実施されるようになると、その達成年齢については人類普遍的でない結果が得られるようになった。たとえば内藤ら（Naito & Koyama 2006）は、日本の子どもは「心の理論」の達成がやや遅く、さらに首都圏と比べて地方の子どもでは、遅れの度合いが大きくなることを示している。

三の、「心の理論」は純度の高い心理機能か、については、必ずしもそうではないからこそ、一や二のような、想定外の結果が出てくるのである。そして、いま述べてきた問題は、本書全体の内容にも深くかかわっている。

「心の理論」という問題の火付け役である、哲学者のデネット（Dennet 1978）は、序章で述べたように、心というものに対する意識の存否を正確に見分けるには、信念と現実を切り離すような状況を作らなければならない、とした。その結果現れたのが、サリーとアン課題のような、いわゆる「誤信念」課題である（これらの課題の中身については、後の章で具体的に説明する）。しかし、誤信念課題とは、あくまでも、「心の理論」が達成されていることを確かめるための検査であり、達成されるためには、そこに至るまでの形成の過程があるはずである。そして、この形成の過程の中にこそ、子どもたちが生活の中で人々とのかかわりを深めていく具体的な姿があるはずである。

また、視点を変えると、「心の理論」とは、人々がお互いの行動を見直し高めるうえで必要なものだからこそ生まれたはずである。だから、「心の理論」について考えるということは、人の行動や人々が作る集団の発達について考えるということでもある。これに対して「心の理論」の世界を誤信念の世界の中にだけ限定するのは、それを子どもの具体的な生活から遠ざけることにもなりかねない。

そこで、この本では、誤信念課題で確かめられるような狭義の「心の理論」と、それを作り、またその後も発展していく、広義の「心の理論」の両方について述べていくことにする。「心の理論」というテーマが現れて四〇年を経たいま、その議論は誤信念という問題を巡って展開する中で、議論の幅を狭め、また、このテーマに関心をもつ人々の幅も狭めているのではないか、と思う。そこでそれを、子どもの具体的な姿の方に引き寄せることによって多くの人々に身近な問題にしていくのが本書のねらいである。

◥「心の理論」を建て直す本書の視点

「心の理論」の、他者の心を読む、という心理機能は、社会生活を送るうえでは非常に重要なものである。他者に共感するのも、嘘をつくのも、恥ずかしさを感じるのも、また、ビジネスで交渉するのも、「心の理論」なしでは成立しない。しかし、その達成を測るテストは、非常に限定された場面で行われるものとなっている。では、その場面の意味を理解できるようになるには、どのような経験とそれにもとづく能力が必要なのか？　その謎を一冊分かけて明かそうとするのがこの本の内容だが、ここではあらかじめ、この問題に臨む私の基本的な考えを示しておくことにする。

その第一は、いわゆる誤信念課題で測られているのは、たとえば、サリーとアンというような、検査に参加する子どもにとって第三者である者についての「心の理論」であるということである。しかし、その前に、私とあなたという、一人称、二人称的な、直接交渉できる、ホットな関係の中で生まれる「心の理論」が存在するはずである。この中の前者が、いま述べた、狭義の「心の理論」で、後者が広義の「心の理論」ということになる。なお、その大元になる考えは、私が十年以上前に表明した考え（熊谷 二〇〇四、二〇〇六）と大筋では変わらない。ただし、以前のものは発達段階論の構築とその図式化にこだわりすぎる内容だったので、それを子どもの具体的な発達の過程に沿うものへと改めようとするのが今回のこの本の内容である。

そして、第二の視点は、私とあなたという、一、二人称的な「心の理論」が形成される時期と三人称的な「心の理論」が形成される時期のあいだに、集団的な人間関係が形成される時期があり、そこで働く心理が、よく用いられる「心の理論」テストの結果に大きな影響を及ぼしているのではないか、という考えである。

つまり、子どもたちが通常、三歳頃に参加するようになる集団的な関係の中には、「心の理論」テストにパスさせる要因と同時に、パスさせないように働く要因も含まれている、と考えられる。「心の理論」テストの結果を見るときには、このことを視野に入れた解釈が必要だと思うのである。

集団というものの特徴は、なんといっても、多くの人々が同じ場所で同じ活動をする、ということである。しかし、場所や活動は次々に変更されていく。保育園や幼稚園では、場所については、教室、ホール、園庭、食堂などがあり、活動については、音楽、遊技、造形、読み聞

図1－2　子どもたちの集団的な動きの基本

かせ、食事、行事などがあり、それらの活動のあいだで移動が生じる。また、個々の活動の中にも場所や活動の小さな移動があり、さらに準備や片づけがある。これらに参加するのは、ほぼ同年齢の子どもたちであり、お互いに行動の向かう先を確認し合う関係にある。ただし、このように集団を全体としてまとめていく働きは、初めのうちは、まだ個の動きまで捉えきれるものにはなっておらず、これから述べていくように、「心の理論」テストの中ではバイアスとして働くのである。

そして、もうひとつ重要なのは、このような集団的な活動には先導者がいるということである。園では、それに当たるのは先生であり、移動先、活動内容、その方向、進み具合や変更などについて案内していくことになる。園児たちは、図1－2に示したように、先生が案内する方向に一斉に付いていくことになる。

しかし、集団的な活動が時間的に長くなり、また、多岐にわたるようになると、子どもたちの動きは「一斉」というわけにはいかなくなる。図1－3に示したように、先導者の動きやことばを

図1－3　遅延者・逸脱者が生まれる状況

キャッチし、それに離れず付いていく者（同行者または追跡者）もいれば、付いていけなくなる者（遅延者または逸脱者）も現れてくる。

本書では、サリーとアン課題で、カゴから箱へのビー玉の移動に気づかず、その場に戻ってくるサリーの立場を図中の、遅延者または逸脱者の位置に置くことにする。そして、課題を進行させる検査者とその意図にもとづいて動くアンを同行者の位置に置くことにする。というのは、サリーとアン課題のテスト場面も、そこに複数の人物がおり、ものごとの展開があり、人物たちはその進行過程のいずれかの位置にいるからである。そして、このテストに参加する子どもたちは、出来事の一部始終を検査者とともに見守り、認識をともにしているわけだから同行者ということになる。ところが、サリーだけは認識をともにできず、遅れて道半ばのところにいる。

「心の理論」テストを受けに検査室に入ってくるとき、子どもは純粋な個としての存在ではなく、園や学校の集団生活の中で培われた思考方法を背負いながら、テーブルの前の自分の席に座るのではないだろうか。このような捉え方をしてみると、サリーとアン課題は、これまでとは違う観点で見えてくると思うのである。

2章 「心の理論」テストを解剖する

サリーとアン課題が実施される現場に戻る

前章で述べたように、子どもの心理的な発達とつまずきを理解していくうえで、「心の理論」の成り立ちを確かめておくことは重要である。そして、「心の理論」というと、序章で述べたように、サリーとアン課題が紹介されることが多い。しかし、「心の理論」テストの説明はそこまでで、課題の中身や実施される状況について深く立ち入って述べられることは少ない。

いま「心の理論」の問題は、四〜五歳頃から始まるさまざまな心理機能やその脳科学的な分析と結びつき、研究分野を広げている。しかし、その一方で、サリーとアン課題のような「心の理論」テストが実施される現場に立ち戻って、そこで何が測られ、子どもはどのように反応しているかをリアルに見つめることが少なくなっているように思われる。しかし、あえてそれをしてみることが、前章で述べたような、「心の理論」解明の滞りを打開することになるのではないか、と思う。

サリーとアン課題は、ほとんどの場合、序章の図0－1で示したように、二体の人形とカゴと箱とビー玉が描かれた五コマの図版で紹介される。紹介される側は、この図版に描かれた世界だけを眺め、テストが明かそうとする心理機能を理解しようとすることになる。

◤サリーとアン課題がおこなわれる現場の構造は？

しかし、サリーとアン課題が実施される現場に入って、このテストがおこなわれる状況を描き直してみると、この課題は、図2－1のような場面となる。すると、序章の図版によって示されたものとは異なる印象の世界が繰り広げられているのである。

そこで大きな場所を占めているのは、テーブルを挟んで対面する、検査者と参加者である子どもである。そして、そのあいだにあるのが、実際の人に比して小さい、二体の人形とミニチュア的な物品である。また、検査者は、子どもにとって「先生」とか「お兄さん」とか「お姉さん」と呼ばれる存在である。そして、そこにはさらに、検査者と子どものやりとりに見入る記録者がいることが多い。

一般に、このような、先生に相当する人がいる状況で、子どもが問われる質問の答えは、先生の頭の中にあることが多い。たとえば、「これは何という名前ですか?」「いくつありますか?」など。だから、子どもは多くの場合、先生なら知っているはずの答えを探し求めることになる。目の前に、いくつかの選択肢がある場合には、子どもは先生の視線の先を探ることもある。つまり、先生の心を読もうとしているわけで、その意味では、前章で述べたような、広義の「心の理論」を活用している状況ともいえる。

図2-1　サリーとアン課題の実際の場面

このことをサリーとアン課題に当てはめてみると、回答場面で、先生は、ビー玉を自ら移動してみせたわけだから、それがカゴの中でなく箱の中にあることをよく知っている。だから、先生に問われたときの一般的な態度として、子どもは先生の認識に合わせて、「箱!」と答えてしまいやすいのである。それは、前章の図1-3に示した、先導者に対する、よき追跡者としての自分にふさわしい行為でもある。

しかし、ここで求められているのは、先生や自分が知っていることでなく、サリーがどこを開けるかについてである。けれども、その答えに行き着くには、園生活の圧倒的に多くの時間の中で経験する、先生と子どものあいだでの知識のやりとりの形を捨てなければならない。しかし、それは、実は非常にむずかしいことなのである。

◥集団的バイアスのかかる状況

サリーとアン課題を序章の冒頭で示した、人形たちの物語(それは次章で詳しく述べるように第三者的な世界である)としてだけ見ていくとわかりにくいが、いま見てきたように、目の前に検査者や記録者がいる場面として見ると、子どもたちにとって非常にバイアスのかかる状況であることがわかる。

このことを視覚的に確認するために、サリーとアン課題の進行を、その場にいるすべての人の認識を含んだ時系列として表してみると、図2-2のようになる。これを見てわかるように、ビー玉が最初はカゴに、次には箱に、と移動していく様子を、検査者も、実験に参加する当の子どもも、また、人形のアンも見て知っていることになる。つまり、この場にいる圧倒的多数は目の前の変化に追いつく認識ができている。しかし、サリーだけはできていないのである。だから、この課題での質問に正しく答えるためには、「私たちはみんな、ビー玉はすでに箱の

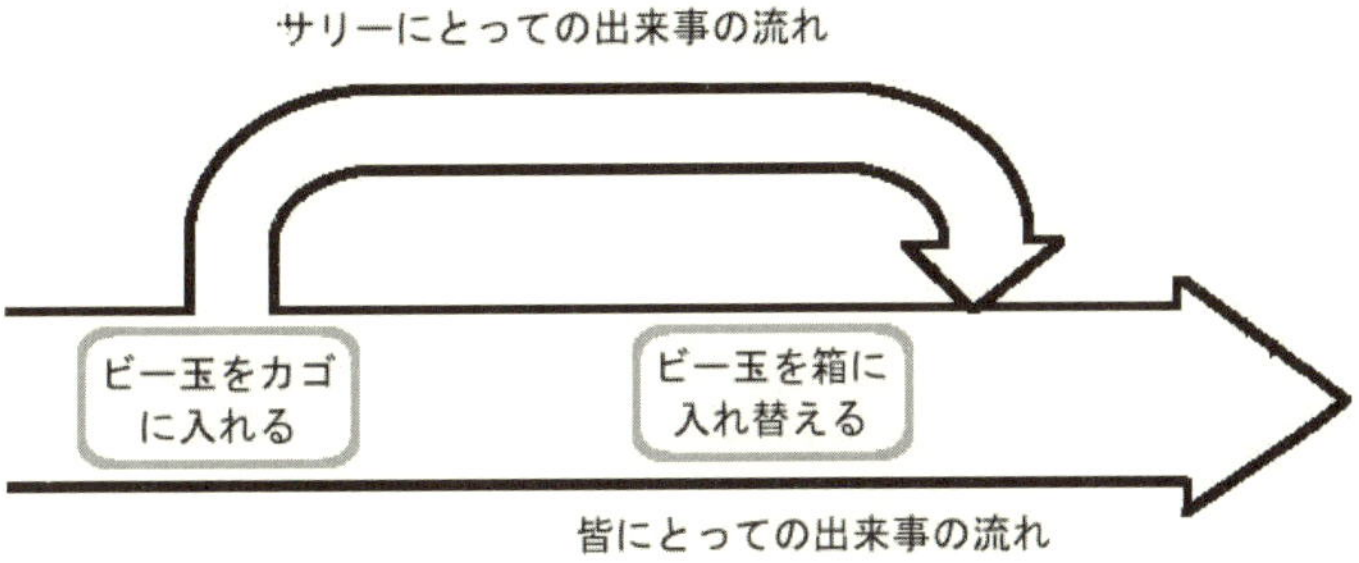

図2−2　サリーとアン課題の出来事の流れ

中にあることを知っている。しかし、サリーは……」という発想をもてることが必要である。しかし、それは簡単なことではないのである。

すでに述べたように、園生活を始めてまもない、三〜四歳の子どもたちは、集団の中で一斉に学び、一斉に正しい答えに行き着くことを基本とするシステムの中で暮らしている。自分の答えがズレていたら、それを先生や先生に近い答えを出す子どもたちの方向へ修正しようとする。だから、いつもこのような状況下にある子どもたちにとって、サリーとアン課題に正しく答えるためには、「いや、待てよ……これは、いつもと違う状況だぞ……サリーの行動の方をたどってみると実は……」という判断の経過が必要である。後で見るように、この課題を実際に園児に適用してみると、非常に長いあいだ迷った末に正しい答えにたどりつく子がよくいる。

ちなみに、澤口俊之（二〇一六）は、このような事実に関連する、興味深い事柄を述べている。それは、フラッシュカードによる学習を熱心に進める園の子どもたちは「心の理論」テストの成績が明らかに低い、というものである。

フラッシュカードというのは、絵や文字やドットの集合などが描かれたカードを次々に呈示し、その名や読み方や個数などを素速く答えさせようとする教材である。だから、そこには誰にとっても、ひとつの答えしかなく、そのゴールに瞬時に到達することがよしとされる。また、カードは多数の子どもたちに向かって呈示されることが多く、そこには皆と同じ答えに、できるだけ速くたどりつくように仕向けるバイアスが働いていると考えられる。

しかし、すでに述べたように、サリーとアン課題では複数の答えが可能であり、子どもはその中でサリーにとっての答えを選ばなければならない。だから、そこで求められているのは、フラッシュカードのように瞬時に正答に行き着こうとする能力でなく、課題の意味を理解して答えを導き出そうとする能力である。だから、フラッシュカードによる学習を中心とする園の子どもたちの「心の理論」テストの成績が低いことは、十分にうなずけることなのである。

ところで、このように考えると、通常の子どもとは異なり、周囲の人々の反応を気にすることが少ない自閉症児がなぜ「心の理論」テストにパスできないのか、という疑問もわいてくる。これに対する答えは、7章の、自閉症児に実際にテストを適用した結果にもとづいて説明するので、ここではごく簡単に述べておくことにする。集団的なバイアスは、一定の判断をする人々が現にそこにいるからという理由だけで生じるものではない。「この答えはこれ！」というような、集団的に作られたルールそのものによる圧力もある。自閉症の人たちには、このようなルール化したものへのこだわりが生じやすいのである。この特徴は、ＤＳＭ－５（American Psychiatric Association 二〇一四）のような診断基準でも「柔軟性に欠ける思考様式」として記されているものである。

◥マキシーとチョコレート課題

サリーとアン課題は、一九八五年にバロン＝コーエンらが開発し、自閉症児の成績が極端に低いことを明らかにして、一躍、「心の理論」テストの代表格になったものである。しかし、実は、その二年前には、ウィマーとパーナーによって開発され、幼児に適用されていたテストがある（Wimmer & Perner 1983）。サリーとアン課題は、それとほとんど同じしくみを使っているのである。

そのテストは、サリーとアン課題と同じく予期せぬ移動課題（unexpected transfer test）と呼ばれるテストに属するもので、図２－３のように、マキシーという名の少年と、その母が登場し、青い箱と緑の箱とチョコレートが用いられる（ただし、検査場面には二つの箱が用意されているだけで、サリーとアン課題のように人形を用いることなく、ストーリーを聞かせる方法がとられ

図2-3　マキシーとチョコレート課題が想定する場面

ている）。

設定されているストーリーは次のとおりである。マキシーは台所でチョコレートを食べ、その残りを青い箱に入れて、外に遊びに行く。その後、母が台所にやってきて、ケーキを作り始める。そのとき、チョコレートが必要になり、先ほどマキシーがしまった青い箱からそれを取り出して使い、残りを今度は緑色の箱に入れて棚に戻してしまう。母がいなくなってから、マキシーは台所に戻ってきて、残りのチョコレートを食べようとするのだが、棚からどの箱を取るか？と子どもに問いかける課題である。

この課題で、マキシーの立場にたち、青い箱と正答できたのは、四～五歳の子どもたちだと約四〇パーセントだけだったが、六～七歳になると約九〇パーセントと、正答率が上がった。つまり、子どもの成長の過程には、この種の課題ができるようになる区切り目のようなものがあることが明らかになったのである。

ただし、これと比べて、サリーとアン課題では、四歳児の場合に、すでに八〇パーセントの正答率になっている（前出、Baron-Cohen et al. 1985）。ということは、「心の理論」は一般に幼児期のあいだに形成されていくものだが、テストの作りによって、その難易度は異なってくる、ということがいえるのである。このことは、この本の後半で述べる、私自身が実施したテスト結果を紹介する中で再び述べることにする。

◥情報共有ができない事態の発生

とはいえ、サリーとアン課題にしても、マキシーとチョコレート課題にしても、予期せぬ移動（前出）という展開が含まれている点では共通している。しかし、このような展開は、幼少の子どもに対しては一般に極力避けられているものではないだろうか。

小さな子どもに求められるのは自分の物と人の物の区別であり、物の置き場所の規則であり、集団への参加の仕方の決まりなどである。それらをルールとして身につけ、共有化するのが、幼少期の子どもの重要な発達課題である。ところが、サリーとアン課題にしても、マキシーとチョコレート課題にしても、ことごとく、ルールに合わない事態が起きている。サリーとアン

図2-4　もしボールの置き場所が変わったら

課題では、アンが人の物を勝手にいじるというルール違反をおかしている。また、マキシーとチョコレート課題では、母がチョコレートを入れるべき場所を勝手に変えてしまうというルール違反をおかしている。だが、一般には、この時期の子どもに対して大人は、情報を共有できるように努力し、異変が起きたときにはすぐに知らせようとするのが通常である。

たとえば、園の活動として、子どもが箱からひとつずつボールを取り出し、それを持って体育館に入り、遊戯するという活動があったとしよう。そして、その箱は、いつもは入り口にある緑の箱なのだが、この日は青い箱に変わったとする（図2-4）。このような「予期せぬ移動」（前出）があった場合には、先生が一人、体育館の入り口で待っていて、「今日は緑の箱でなく、向こうの青い箱からとってね！」と子どもたちに告げるのが通常ではないだろうか。あるいは、他の子どもたちが、そのことを教えてくれるかもしれない。このような一体となった集団的関係は、次章でも述べるように欧米と比べて日本では特に望ましいものとして評価される。しかし、「心の理論」テストでは、このような関係になっていないから子どもたちにはむずかしいのである。けれども、子どもたちが成長するに従い、このテストのような、案内のない場面に遭遇することが多くなることも事実である。だから、予期せぬ移動課題は、幼少期の子どもの一般的な活動水準より一段上の判断を求めている、といえるのである。

スマーティ課題

ただし、「心の理論」テストには、「予期せぬ移動」以外の課題もある。それは、場所でなく中身が変わる、「予期せぬ入れ替え」ともいうべき状況を作るもので、スマーティ課題（図2-5）と呼ばれているものである（Perner et al. 1989）。

スマーティとは、英国で広く出回っている菓子の名で、円筒形の容器の中にチョコレートが入っている。課題では、この菓子箱が用いられるのである。検査者は子どもにスマーティの容器を見せ、「この中に何が入っていると思う？」と聞くのである。これに対して、子どもは当然「チョコレート」と答える。すると、検査者は容器のフタを開け、実は中に鉛筆が入っていることを示すのである。続いて検査者は、元どおりに容器にフタをして、「じゃ、ここに友だちを連れてきて、この中に何が入っていると思う?と聞くと、どう答えるでしょうか?」とたずねるのである。

通常の子どもは三歳で半数近くが、この課題に正答することができた。しかし、自閉症児の場合はやはり正答することがむずかしかったのである。

スマーティはなじみの菓子でもあるし、また、容器の外側にチョコレートの絵が描かれているので、前のふたつの課題と比べると少しやさしかったのだろう。しかし、予期せぬ変更があった、という点では同じである。また、そのことについて既知の者（ここでは検査者と参加児）と未知の者（ここでは友だち）がいるというのも同じである。だから、この課題も、前章で示した、先導者と同行者と遅延者がいる、集団活動の構図（図1－3）に当てはまるのである。

図2－5　スマーティ課題の一場面

台本（スクリプト）をもとにして作られる行動イメージ

ところで、スマーティ課題は三歳でも半数ができたのに、サリーとアン課題ができるようになるのは四〜五歳である。この差はなぜ生じるのだろうか？　その理由を探りながら、子どもが抱く行動イメージがどのように作られ、テストの答えにどのように関係しているのか、を考えてみたい。

図2‐6と図2‐7は、両課題が出されたときに子どもが抱く行動イメージである。まず、サリーとアン課題の方から見ていこう。

この課題では、サリーがビー玉で遊び始め、その後、それをカゴに入れて出かける。そして、戻って、カゴからビー玉を取り出し、再び遊ぶことができれば当初イメージした行動の流れは完結することになる。しかし、ビー玉はそこになく、箱に移しかえられているので、まっすぐ進んでゴール地点に行けない。実際にゴールに行き着くためには箱の方を開け、ビー玉を取り出すことが必要になる。だから、目の前で展開するこの経過を見ている子どもは、図中の「」の中のようなことばをかけたくなる。そこで、その思いに従ってサリーをゴールに導いてしまうと誤答となり、一方、サリーは声の届かない第三者であることに気づき、そのまま進ませると正答になるのである。

何かをしまい、それを取り出して再び遊ぶという行動は無数に繰り返されるので、その行動の流れは台本のようなものとなって子どもの頭の中に納まっている。また、子どもは、物をしまう場所が変更され、その場所を見つけて再び物を手に入れる経験も多く繰り返すことになり、

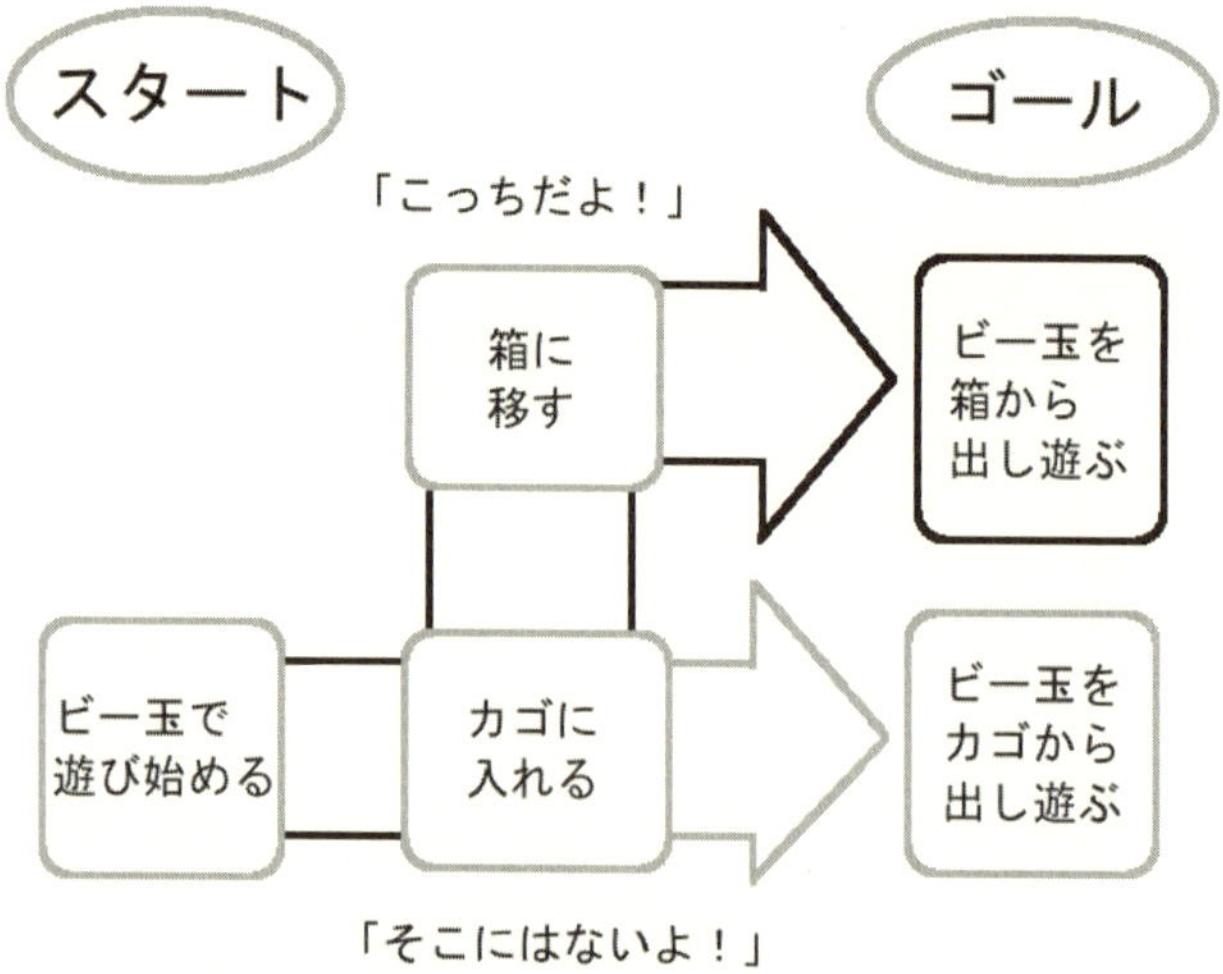

図2-6　サリーとアン課題で想定される行動ライン

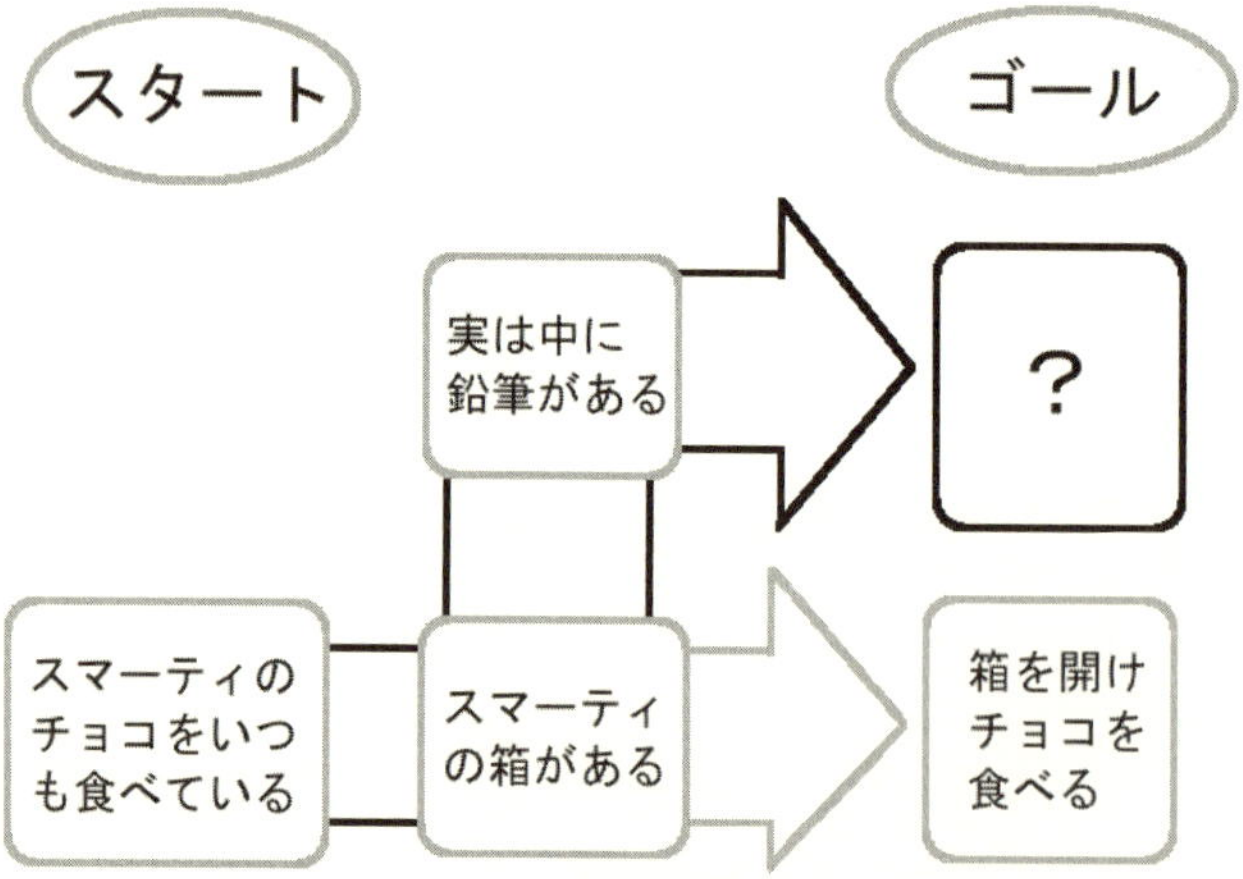

図2-7　スマーティ課題で想定される行動ライン

もうひとつの台本になる。サリーとアン課題は、これら二つの台本（情報科学や心理学では、英語の「スクリプト」ということばで表される）が当てはまる状況である。そして、幼い子どもの場合は、実際にビー玉を手に入れることができる、後者のスクリプトの方にサリーを当てはめようとして誤答となるのである。

このスクリプトというものについては4章で詳しく説明することにして、次にスマーティ課題の行動イメージ（図2-7）を見ていくことにしよう。ここでは、いつもスマーティのチョコを食べているという子どもの日常的経験が出発点になる。だから、スマーティの箱を見れば、そこからチョコを取り出して食べるという行動の流れ（スクリプト）が強く喚起される。しかし、実際には箱に鉛筆が入っているから別のスクリプトに切り替えることが必要になる。だが、チョコの箱から鉛筆を取り出したからといって、それがどのようなゴールにたどり着くというのだろう？　それはスクリプトとして成り立ちにくい流れであり、チョコを取り出して食べるというスクリプトの方がずっと強力である。だから、やってきた友だちが、このスクリプトにもとづいて答えることが早くから可能になるのである（ただし、スマーティとチョコについてのスクリプトは英国の子どもだからこそ強力なのであり、それをそのまま日本の子どもに当てはめることはできない。日本の子どもには日本の子どもがなじんだ材料が必要になる）。

以上、述べてきたように、行動を進めるときの人の心は、何度も経験する中で作られた台本

（スクリプト）の影響を強く受けている。スクリプトの概念については、先ほど述べたように、4章で再び取り上げることにしたい。

映像記憶について

ところで、子どもが、このように行動経路をたどれるためには、その前提として、登場人物が過去にとった行動を憶えていなければならない。これまで「心の理論」テストについて述べてきた話は、テストに参加する子どもが目の前で示された出来事の経過を憶えていることを前提にしている。しかし、たとえば、サリーとアン課題で、ビー玉を探すのは現にそれが入っている場所である「箱」と答えてしまうのは、サリーがビー玉を最初にカゴに入れた場面を単に憶えていないから、なのではないか、という解釈も成り立つ。

誰でもが抱きそうな、この種の疑問に対する備えは、サリーとアン課題でもマキシーとチョコレート課題でも用意されている。これらの課題では、子どもが回答を出したあとで、「サリー（マキシー）が最初にビー玉（チョコレート）を入れておいたのはどこですか?」という質問をすることになっている。そして、テストにパスできなかった子どもも、そのほとんどが、「カゴ」または「青い箱」と正しく答えることができたのである。また、スマーティ課題でも、「最初に、あなたがこの箱を見たとき、何が入っていると思いましたか?」とテストのあとで聞いており、これにも誤答した子どもも含めほとんどが「チョコレート」と正しく答えているのである。

だから、「心の理論」テストに誤答するのは、目の前で示された事の経過を見ていなかったからでも、憶えていなかったからでもないのである。

写真課題

ところで、「心の理論」テストで子どもが記憶する映像は頭の中に保存されているものだから外部からは見えないものである。それなら、保存方法を変え、外部からでも見える形にすることはできないものだろうか？

この疑問に答える役割を果たしているのが、当人がもつ視覚映像の代わりに、カメラで撮った写真を用いる方法である（Leslie & Thaiss 1992, Zaitchik 1990）。写真課題と呼ばれる、このテストでは、検査道具としてポラロイドカメラと猫のぬいぐるみとミニチュアのベッドとイスが用いられる（図2－8）。検査者は、まず、撮った写真をその場で見ることができるポラロイドカメラのしくみを子どもの前で実演してみせる。その後で、猫をイスの上に座らせ、その場面を子どもに撮らせるのである。続いて、検査者は、猫を今度はベッドの上に寝かせ、その状態で子どもに次のような質問を投げかける――あなたが撮った写真の中で猫はどこにいると思

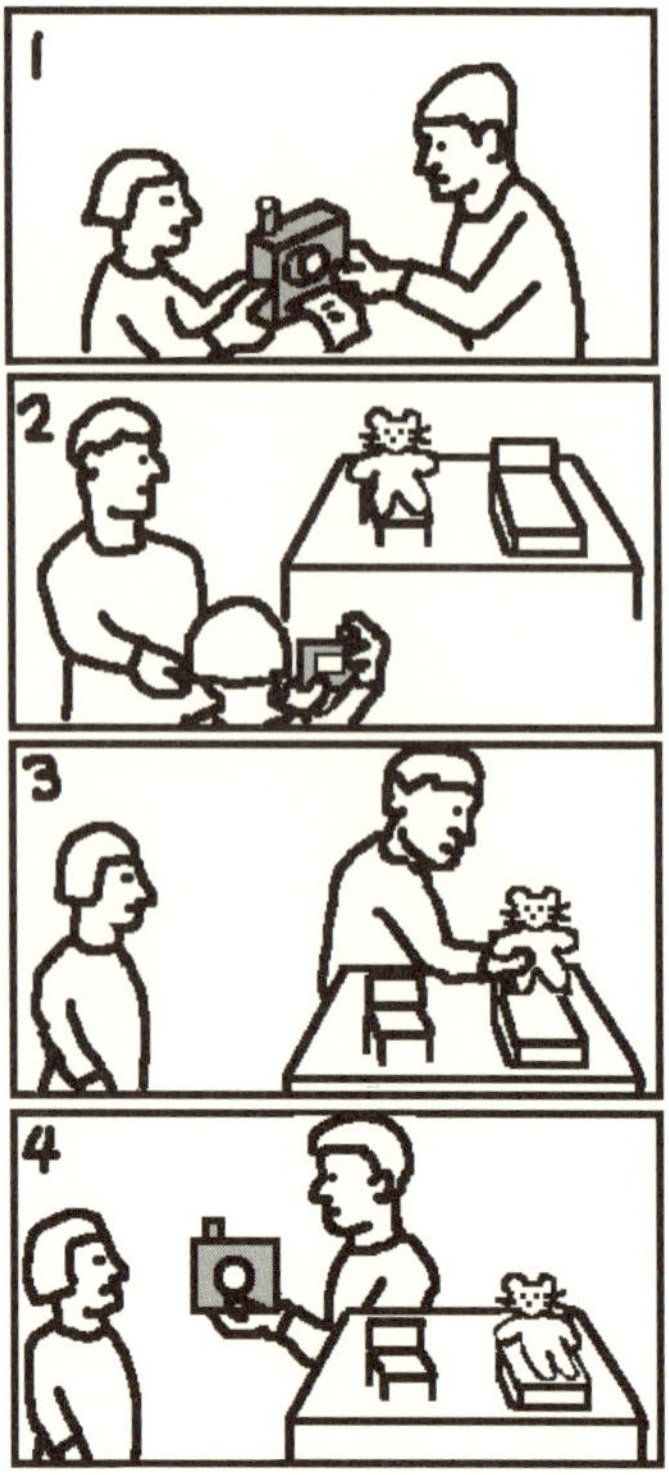

図2－8　写真課題の流れ

いますか？

この課題では、カメラの中には猫がイスに座っている映像が保存されているはずだから、猫はいまはベッドの上であっても「イス」と答えるのが正答である。

そして、四歳児の七〇パーセント近くが「イス」と正しく答え、さらに、自閉症児の場合には全員が正答することができた。この正答率の差には年齢差によるカメラのしくみについての認知度の違いも関係していると考えられる。自閉症児の年齢は一二歳前後であり、幼児をはるかに上回っていた。

ここでは、人の目と脳に代わってカメラのレンズとフィルムが用いられるわけだが、とらえられた映像は保存される、という事実を、自閉症児の全員が理解できていたのである。だから、これをサリーとアン課題に当てはめてみると、部屋に戻ってきたサリーにはビー玉をカゴに入れたときの映像が残っているのでそこを開ける、と予想できそうに思える。しかし、実際には、写真課題で全員正答した自閉症児が通常の「心の理論」テストでは大きなつまずきを示すことが多いのである。

◥カメラと人の目の違い

景色をとらえ、映った映像を蓄えるしくみは、基本的にはカメラも人の目も同じである。しかし、ポラロイドカメラの映像はシャッターを押したその瞬間の一枚（静止画）だが、実際に人が見ている映像は連続的（動画）である。だから、しばらく行動すれば、その量は大量なものとなってしまう。だから、その中から必要な一枚を探し出すのは簡単なことではないのである。

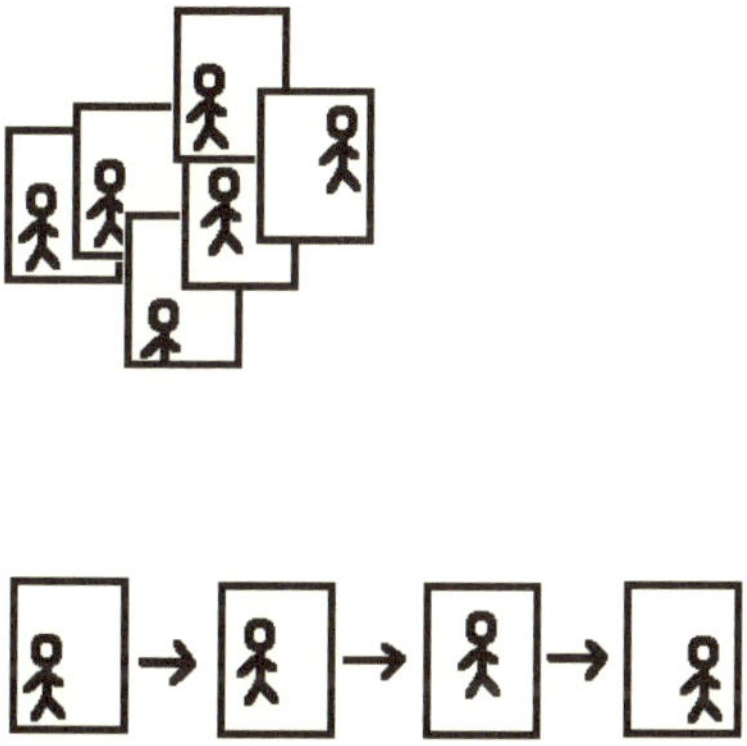

図2－9　バラバラな写真（上）と編集された写真（下）

過去の映像は大量に残っているが、バラバラであり、それを順序よくつなぎ合わせるには編集方針のようなものが必要になる（図2－9）。それは、出来事がどのように進むかを表すシナリオのようなもので、先に述べたスクリプト（台本）と呼ばれるものに相当する。スクリプトがあると、その中のどの場面か示せるので、必要な一枚を取り出せるのである。そして、大人はすでにそれを大量にもっていて、それぞれの立場にあてはめることができるので、子どもも同じことができると誤解してしまうことが多いのである。しかし、それは実際にはむずかしい。このことが「心の理論」のむずかしさにもつながっているようである。

3章　二種類の他者と二種類の「心の理論」

サリーとアン課題の中の二種類の人間関係

ここでは、「心の理論」テストの解剖をもう少し続けることにしたい。

序章で述べたように、サリーとアン課題にパスしなかった子どもも、そのほとんどはきちんとテーブルの前に座り、検査者の話をしっかり聞き、受け答えする。つまり、状況の意味を感じ取り、検査者の意図を汲み取ろうとしている（この点については、自閉症の子どもにも、これに準じたことがいえる。「心の理論」テストを受けにくる自閉症児は、遅れながらもすでに一定の社会的能力を備えている。だから、テストに入る前は「心の理論」テストにパスしそうに見える子どもも多いのだが、実際にやってみるとそうでないものが多いのである）。つまりある種の「心の理論」（1章で述べたような、広義の）をもっているといえるのである。にもかかわらず、サリー

とアン課題にパスできないのはなぜだろうか？

その理由は、前章と前々章で「心の理論」テストを紹介する中で、ある程度説明している。本章では、そこで述べたことをもう一度確認しつつ、テスト場面を離れて、この時期の子どもの他者との関係性がどのようなもので、それがテスト結果にどのように反映しているのか、について述べていきたい。

この問題を考えるために、サリーとアン課題に含まれている人と人との関係性を図３－１のように表してみることにする。図に示されているように、そこには二種類の関係性が含まれている。第一は、検査者と子どもの関係性であり、第二は、検査者または子どもと、サリーまたはアンのあいだの関係性である。このうち第一のものは、直接対面し、やりとりしているわけだから、私とあなたの、つまり、一、二人称的な関係性である。そして、第二のものは、私やあなたが直接かかわることができない者に対する関係性だから、三人称的な関係性である（なお、図中

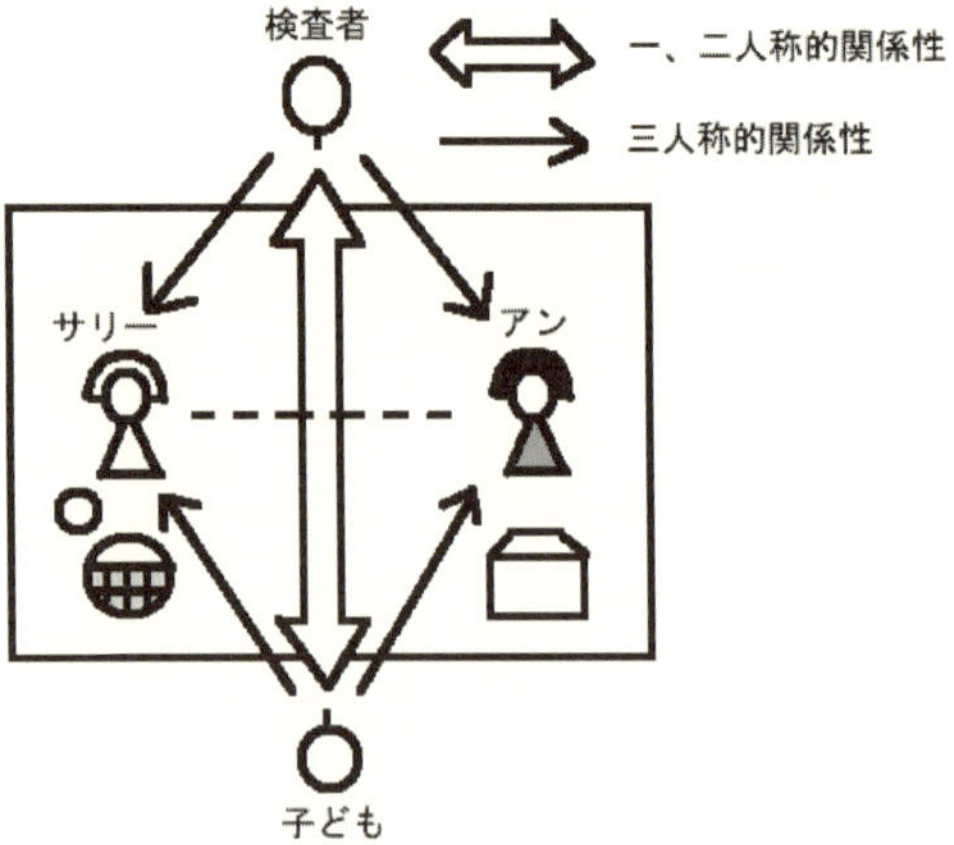

図３－１　サリーとアン課題の中の２種類の関係性

にはサリーとアンのあいだの、つまり第三者同士の関係性も含まれているが、これはより高いレベルの認識を必要とするものなので8章以降で触れることにする）。

テストにパスしなかった子ども（自閉症の場合も含めて）も、このうち第一の関係性の中では適切に振る舞うことができたわけである。しかし、第二の関係性の中では、二人の立場を区別し、それぞれの行動を見通すことができなかったのである。

◣二種類の他者と二種類の「心の理論」

「心の理論」とは他者の心を推測する能力であると一般にいわれている。しかし、そこでいう「他者」とはいったい誰のことだろう？　他者といっても、いま述べたように二種類がある。第一種の他者は、自分が直接やりとりをしている相手、つまり二人称的な他者であり、サリーとアン課題では検査者ということになる。そして、第二種の他者は、「彼」や「彼女」、つまり三人称的な他者であり、外から観察するだけで直接交渉できない人ということになり、サリーとアン課題では、子どもの前にある、サリーとアンの人形ということになる。だから、サリーとアン課題で「サリー」という他者の心を読めなかったからといって、それは三人称的な他者の心を読めなかったということにすぎず、他者全般の心が読めないということにはならないのである。

では、第一種の他者と第二種の他者のあいだにはどのような違いがあるのだろうか？　また、第一種の他者を捉える視点と第二種の他者を捉える視点はどのように切り替わるのだろうか？（実は、この切り替えを導く場として集団というものが作用していると考えられるが、それについては6章以降、特に終章で述べることにする）サリーとアン課題にパスできなかった子どもは、第一種の他者を捉える視点しかもっていなかったか、あるいは、それと第二種の他者を捉える視点とを区別することができなかったということになる。すると、この区別が容易であるか否かによっても「心の理論」テストにパスできるかどうか、についての結果は違ってくると考えられるのである。

◤日本の子どもは「心の理論」の達成が遅い？

実は、日本の子どもは「心の理論」の達成が遅い、という説がある。このことは、いま述べた、第一種の他者から第二種の他者への視点の切り替えの問題に関係していそうである。だから、ここでは、この問題について探ってみたいと思う。

「心の理論」とは、子どもの心理発達のみちすじを解明しようとする研究の中で生まれ、その重要性が確認されてきたテーマである。だから、それが形成される過程についても、達成される年齢についても、人類普遍的である、と考えられてきた。しかし、すでに前章や前々章で述べたように、「心の理論」テストの達成年齢は、地域やテストの種類によって異なってくることがわかってきたのである。

それでは、日本の子どもの場合はどうか？　この点については、すでに、内藤美加ら（Naito & Koyama 2006）によって詳しい結果が示されている。この研究では、日本の子どもたちが、サリーとアン課題のような、いわゆる誤信念課題全般に正しく答えることができるようになる年齢は、何と六～七歳になってからである、という結果になった。

私自身も、これまで何度も、多くの幼児（日本国内の）に対して「心の理論」テストを実施してきた。その経験から見ても、達成年齢は、テスト開発者が示している年齢よりもやや遅い傾向があるようである。このような遅れの原因はどこにあるのだろうか？　内藤（二〇一六など）は、そこに文化的な影響があることを指摘している。「心の理論」の達成年齢を各国ごと、あるいは社会階層ごとに比べてみるとバラツキがあり、一律に示すことはできなくなったのである。

私－あなた関係に重心を置きやすい日本文化

この問題をここでは、日本の子どもはなぜ「心の理論」の達成が遅れやすいのか、という点にしぼり、掘り下げてみたいと思う。もちろん、日本には独自の文化がある。それは、日本人

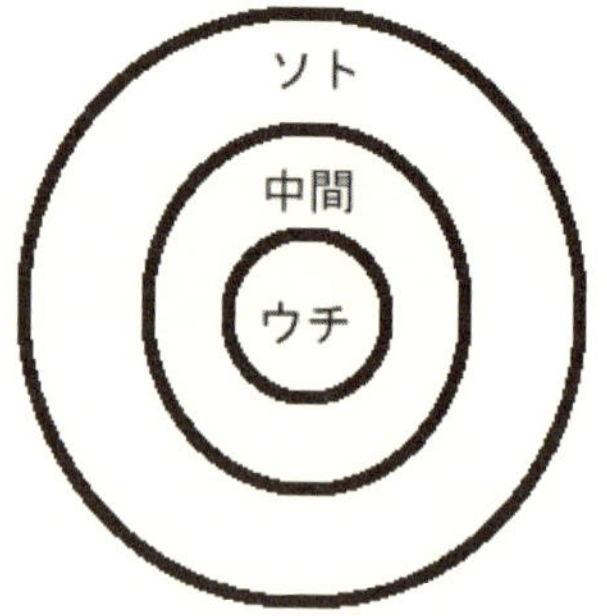

図3-2　日本人の三層から成る人間関係

の人間関係全般に影響を与えている。私自身は、この文化的な影響の核心は、日本人は私‐あなたの関係性のもとで判断を下しやすいところにあり、それは子どもの判断にも及ぶと考えている。そこで、以下、このことについて説明しておきたい。

一九七〇年前後に、わが国では優れた日本人論が次々に現れた（土居 一九七一、中根 一九六七など）。それらは、西洋とは異なる日本人の人間関係の特性を明らかにしたもので、ウチとソトの関係性によってそれを説明していることで共通している。

ウチとソトの関係は、図3‐2に示したような同心円的な構造として理解するとわかりやすい。このうち最も内側の円は、家族のような、最も親密な者同士が作る人間関係で、お互いのあいだに遠慮がいらないものである。次に、それを取り巻く第二の円は、そこから一歩外に出たところ、つまり学校や職場などで作られる人間関係で、親密さが少なくなる分、多少の遠慮と集団的な規制が求められる。そして、一番外側の円は、当人が永続的に関係することがない人々がいる場所で、一般的な規範にさえ従っていれば遠慮や規制があまり求められない領域である。

この中で対人関係の問題が一番起きやすいのが第二の円の中である。第一の円の中にいるときのように、周囲の人々に完全に依存するわけにはいかず、また一方で、第三の円の中にいるときのように周囲の人々を他人として無視するわけにもいかない。昔の日本では、第二の円内は第一の円の延長的なところが多かったと思われるが、現代では、そこで親密でない多くの人とかかわらなければならない。にもかかわらず、そこには昔ながらのしがらみが残っている。この微妙な関係性の中で、特に日本では、対人恐怖症など、さまざまな人間関係の問題が起きやすいのである。

このような、内側の円に向かうほど親密になり、外側に行くほど希薄になる人間関係は、どの文化にも見られるものだが、日本では特に強く表れる。日本では外側の円の中にいる人々を「他人」とか「よそ者」といい、また自分の活動を円の外側に移すことにためらいを示す場合が多い。日本人がシャイな性格をもつといわれるのもこのためである。

子ども時代にも及ぶ日本人の人間関係

一番内側の人間関係は土居（一九七一）がいうように、乳児期の親子関係を起源とするもので、日本人の場合は特に濃密な関係が作られる部分である。そこは土居によれば「甘え」という、日本独自で、西洋にはない語彙によって表される領域である。親は子を愛でる気持ちが特

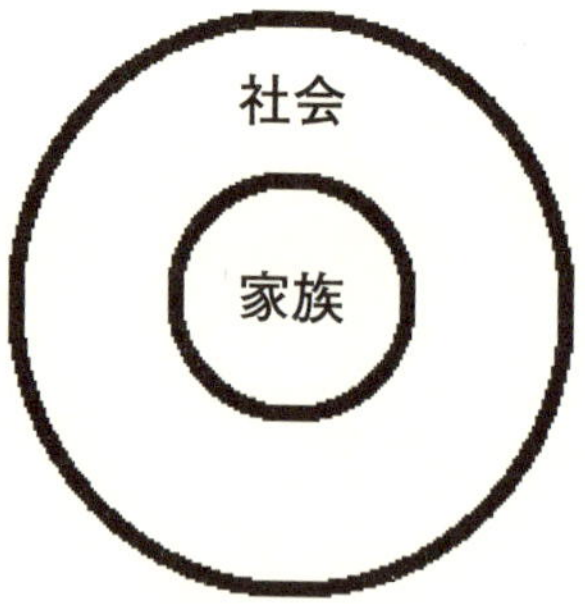

図3-3　欧米人の二層から成る人間関係

別に強く、子は、それを承知のうえで親に甘える。そして、子は親離れしにくく、親は子離れしにくいのである。また、この「甘え」にもとづく人間関係は、親子の関係を超えて、日本社会全体に及ぶ。

一九七〇年前後に生まれた日本人論は、主に大人の場合を想定して作られたものである。しかし、そこで作られた関係性は、大人たちのもとで成長する子どもたちにも及ぶ。「甘え」を中核とする日本人の人間関係は、もとをたどれば、子ども時代に発するもので、先に示した同心円に戻ると、子どもにとって家族は最も内側の円ということになる。だから、保育園や幼稚園への入園は第二の円の中に入っていくということになるが、日本の子どもにとってそこは、私-あなた関係が濃厚だった第一の円の特性を引きずった場所になっている。そこは、親に代わるものとして登場する先生に依存し、その意図をかなり気にする場所であるといえる。つまり、私-あなた関係にもとづく第一の「心の理論」が強く働き続ける領域といえるだろう。

一方、欧米では、ウチからソトへの人間関係の移行はもっと連続的である（図3-3参照）。親は子と早くから寝室を別にし、子の独立を早めようとする。また、欧米人は伝統的に、ソト側の、未知な人々と接することに日本人よりもはるかに積極的である。つまり、ウチとソトの円の境目は強固でない。ウチの円内はソトの円内の特性をすでにもち、ソトの円内の人がウチの円内に入るのを容易にしている。だから、欧米の子どもは日本の子どもよりも、第三者をより近い存在として捉えやすいと考えられるのである。

◤同心円的な関係を日欧の言語に当てはめてみると

ところで、いま述べてきたような私－あなたの関係に重心を置く日本人の人間関係は、日本語にも強く表れている。日本人は、ウチの者には気楽に口を利き、ソトの者には改まった口の利き方をする。このようなことも、日本の子どもが「あなた」の心は読めても「彼／彼女」の心は読みにくい傾向を作っているのではないか、と思う。そこで、日本語の特性を、それと対照的な特性をもつ英語の場合と比較することによって説明してみたいと思う。

ここで、先に日欧の人間関係の違いを説明するために用いた同心円的な構造を、今度は日欧の言語の違いを説明するために用いてみることにする。図3－4は、英語の人称代名詞を人間関係の場合と同じように、まず一番内側に自分（一人称）を置き、外側に向かって徐々に自分から距離が生まれるように、他の人称を配置してみたものである（なお、英語以外のヨーロッパ言語でも同じように表すことができる）。この同心円的な人称代名詞の構造は、学校で英語の学

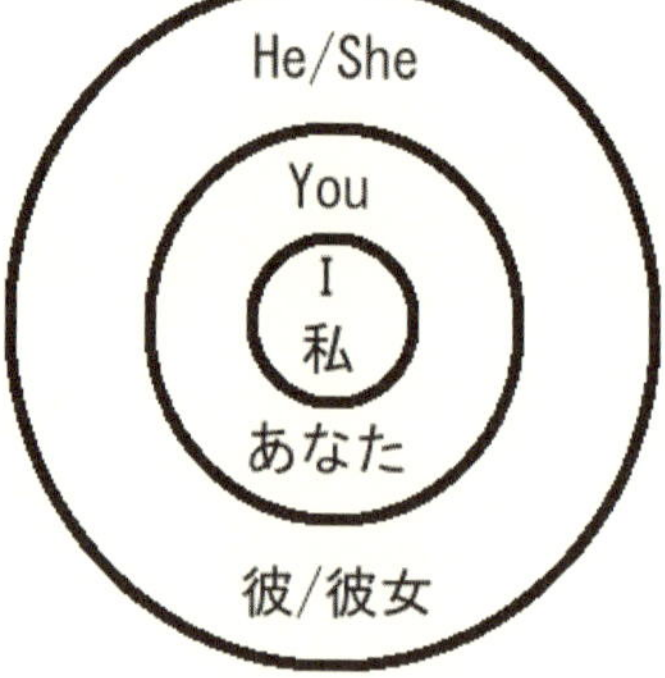

図3－4　日英の人称の形のうえでの対応

習をしてきた、大多数の日本人にとっては、一見、非常にわかりやすく見えるものである。そして、図中の英語の人称代名詞、Ｉ、Ｙｏｕ、Ｈｅ／Ｓｈｅは、そのまま、「私」「あなた」「彼／彼女」に対応させることができる、と考える。そのため、一見、日本語も英語と同じ文法構造のもとに作られ、日欧を問わず同じ人間関係の中にいるように思えるのである。

だが、私たち日本人は、この図に表れている「私」「あなた」「彼／彼女」を日常の会話の中で使うことは、あまり多くない。もし使うとしたら、あらたまった場面であり、多くの場面では省略され、使う場合も、僕、オレ、ウチ、お前、あんた、あの人、など、他の呼び方をし、さらには、パパ、ママ、先生、や名前などを用いることが多い。特にここで注目されるのは、三人称と比べたときの一、二人称を表すことばの多様さであり、そこに一、二人称的な関係の深さが感じられるのである。一方、三人称は歴史的には日本には定着しておらず、中でも「彼女」は明治以後の翻訳文化の中で「彼」から分化して現れたことばである（山口・秋本編 二〇〇一）。つまり、日本語と英語のあいだには、実は、一般に考えられているよりもずっと大きな隔たりがあり、また、それは、日本人と欧米人の人間関係の違いをも反映している、と考えられるのである。

ちなみに、サリーとアン課題で、子どもに問われる質問は、英語では、"Where will Sally look for her marble?" となり、「彼女の」ということばが、きっちり含まれた文になっている。英語圏の子どもは、このような、三人称を表す人称代名詞が多用される言語の中で生活しているわけで、このことは、子どもの中に第三者を見つめる視点が育つことを助ける、と考えられる。

私‐あなた関係にもとづく日本語世界

これは私自身が他の本の中ですでに書いたことだが（熊谷 二〇一一）、英語など、欧米の言語と異なる日本語の特性として、たとえば次の二点を挙げることができる。

（１）「私」「あなた」のような主語が省略されやすい。

（２）「これ」「それ」「あれ」のような指示詞がよく発達している。

（１）の特徴は、日本人同士の会話の中でよく出てくる、たとえば次のようなことばの中によく表れている。

①ちょっと聞いてくるので、②待っていてください。

①の部分では「私が」が、②の文では「あなたは」が省略されている。このようなことが可能になるのは、二人のあいだで、その場の様子が共有されているからである。だから、誰がどこで何をどうするか、について、いちいち全部をいわなくてもいいようにできている。それだけ、お互いの親密度が高いということである。

ところが英語なら、同じことをいうにも、主語であるＩやＹｏｕを欠くことができない。さらに、何を聞きに行くのか（ここではｉｔで表される）、また、どこで（ここではｈｅｒｅで表される）待つのか、についてもきちんといっておかなければならない。つまり、その場を構成するすべての要素を文の中に入れておくことが必要になる。

ただし日本語の場合も、私－あなた関係の外にいる第三者のことになると、「あの人が」とか「～さんが」というように、三人称の主語をはっきりいうことがある。しかし、「あの人」も「～さん」も、私とあなたの視点から位置づけられた第三者という色合いが強い。これに対して英語では、一人称であろうが、二人称であろうが、三人称であろうが、Ｉやｙｏｕやｈｅ／ｓｈｅなど、きちんと割り当てられた主語を用いることによって、わけへだてなく文を表すことができるのである。

以上のような、話し手と聞き手が場を共有していることを前提とする会話のしくみは、（2）の日本語の指示詞の特性にも表れている。それを図で表すと、図3－5のようになる。話し手の近辺の領域は「ここ」で、そこにある物は「これ」である。また、聞き手の近辺の領域は「そこ」で、そこにある物は「それ」である。そして、話し手からも聞き手からも遠い領域は「あそこ」で、そこにある物は「あれ」ということになる。

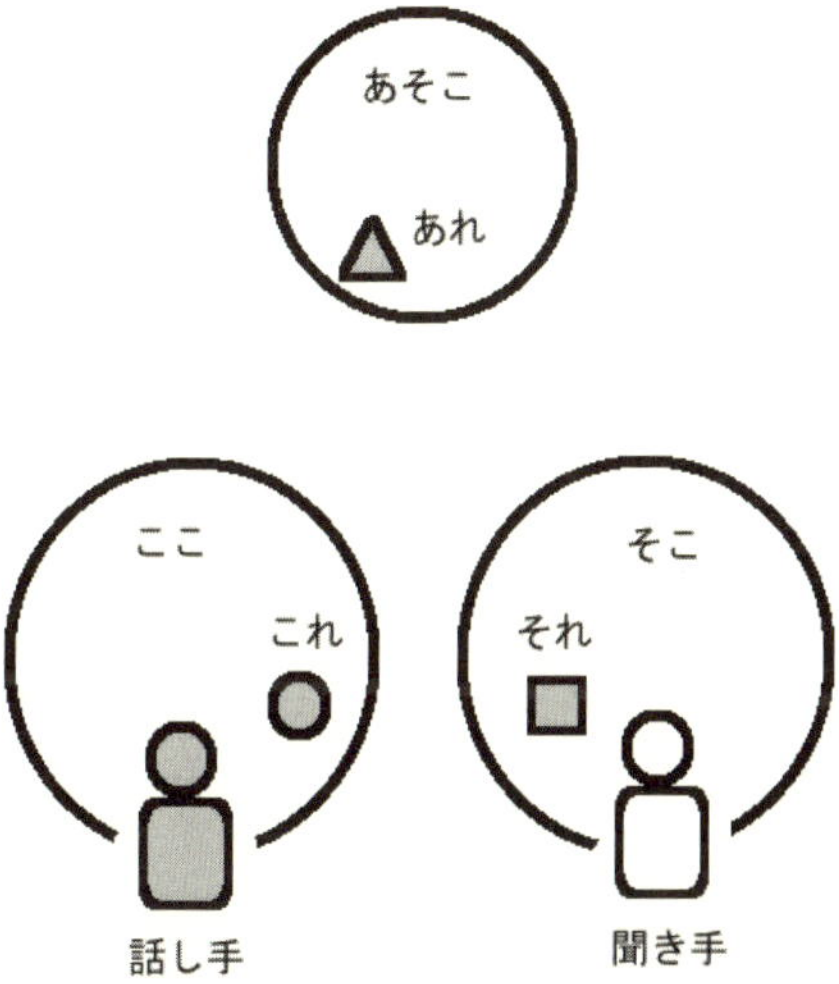

図3－5　日本語の指示詞が表す領域

ところが、英語には、このようにはっきりと場を三つに区分するしくみはない。場の区分は、ｈｅｒｅとｔｈｅｒｅの二つだけであり、そこにある物もｔｈｉｓとｔｈａｔだけである。

つまり日本語では、話し手（私）と聞き手（あなた）のあいだに濃密な関係性があり、場を共有していることを前提にしてことばが作られている。これが濃厚な「ウチ」の世界を作り、これと対照的に「ソト」の世界は希薄になりやすいのである。だから、サリーとアン課題のような、「ウチ」の世界（自分と検査者のあいだ）と「ソト」の世界（サリーとアンのあいだ）が同時に含まれるような状況では、私‐あなたの関係性にひきずられて判断がおこなわれやすいのである。

ただし、このような文化的・言語的な違いによる「心の理論」テストの達成時期のズレがあるとはいえ、「心の理論」の基本的な形成過程にまで日欧に違いがあるわけではない。その差は定型発達の子どもの中での差であり、自閉症児とのあいだの差ほど大きくはないのである。

共有と非共有のあいだ

ところで「心の理論」とは、自己と他者では心が違う、ということの認識によって成り立っている。では、この「違う」ということへの気づきはいつ始まるのだろうか？　ここでは、このことを確認しておくことにしたい。

これまで述べてきたように、人のまわりには二種類の他者がいる。第一は、その場で直接交渉する他者、「あなた」であり、第二は、その外にあって直接かかわることのない他者、つまり「彼」や「彼女」である。そして、人がまず最初にかかわるのは第一の他者、つまり「あなた」だから、第二の他者同士の関係性の理解もそこに基礎を置いて芽生えてくるはずである。そこで、この第一の関係性とはどのようなものか、ここで手短に説明しておくことにする。

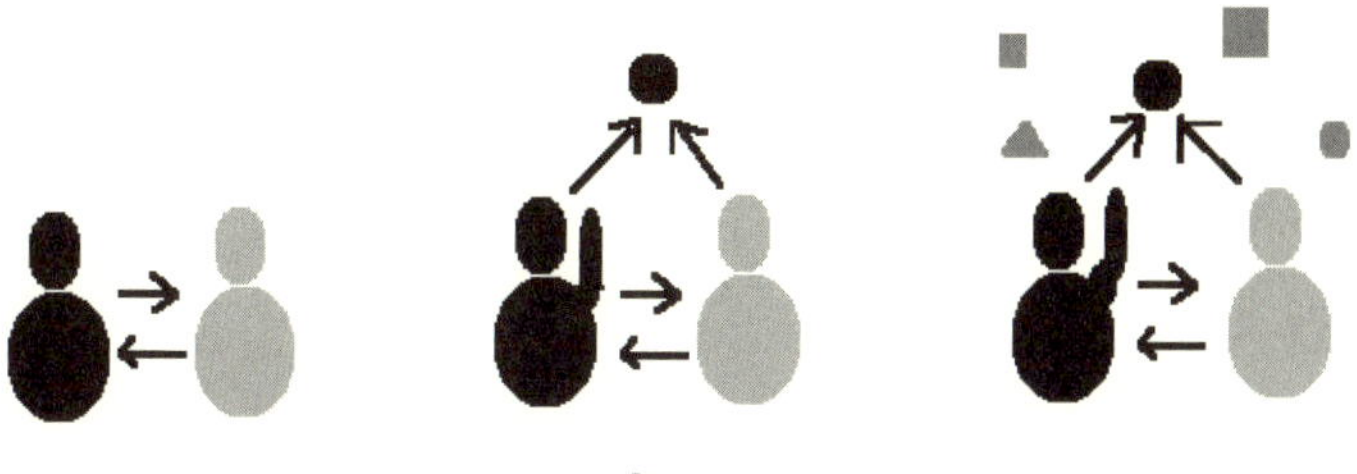

図3－6　二項関係から三項関係へ

実は、「私」と「あなた」のあいだの関係のあり方もさらに二つに分かれる。ひとつは、図3-6のaに表したような、二人が物を介さないで直接かかわる関係で、二項関係とも第一次間主観性（トレヴァーセンほか 二〇〇五）とも呼ばれる。たとえば、赤ちゃんが母親の顔を見て笑う、手足をバタつかせる、あるいは、お互いが発する音を真似る、などの行為がそれに当たる。この時期に現れるのは、全体として、同調的、一体的な行為といえるだろう。

しかし、生後半年を過ぎると、子どもは直接的でなく、物を介して人にかかわることができるようになる（図3-6のb）。これは、三項関係（やまだ 一九八七、トマセロ 二〇〇六など）とも第二次間主観性（トレヴァーセンほか 二〇〇五）ともいわれる関係が形成される時期である。つまり、第一項である「私」と第二項である「あなた」の他に、第三項である「物」が生まれ、三項のあいだで関係性が生まれるということになる。

これは、子どもの世界を一変させる出来事である。実は、図

3-6のbに表した三項関係の図は、「私」と「あなた」のあいだで二人が注目する「物」がすでに選ばれた状況である。しかし、実際には、図3-6のcに表したように、二人の周囲には、多くの物が散在していることが多い。だから、二人が同じ対象を選び、共有できるようになると、二人の関係は一挙に深まるのである。

子どもは、生後しばらくのあいだは自由に手足を使うことができず、移動能力がないため、ごく狭い範囲の物しか手にすることができない。また、親が案内する世界しか見ることができない。しかし、生後半年を過ぎて徐々に移動能力がついてくると世界が広がってくる。そして、その広がりの中で、自分の近辺にある物と相手の近辺にある物が区別されるようになり、また、それらへのそれぞれのかかわりが意識されるようになる。たとえば、そこで生まれる「あげる」「もらう」という行為は、自分の領域にある物を相手の領域内に移動させる、あるいは、その逆の状態を生み出すことになる。

そして、生後一年近くなって指さしが現れてくると、自分が注目した物を相手に知らせ、また、相手の指示する物を探る行為が生まれてくる。このとき、「私」と「あなた」は別の注視対象をもっているからこそ、それを一致させ、同じ方向に向ける行為が必要になるのである。つまり、非共有から共有への働きが生まれているのである。

さらに、子どもが一歳を過ぎて、ことばが使われるようになると、物の名前や指示詞が使われるようになって、共有化の方法はより高度になる。それを先に紹介した日本語の指示詞（図3-5）の場合を例にとって説明すると次のようになる。

子　ママ、とって！
母　これ？（母が取り、子に手渡そうとする）
子　ちがうよ。あれ、あれ！

視線や指さしやことばによって人と人が意図する対象を共通にしようとする行為は、共同注意とか共有注意と呼ばれ、現代の発達心理学では大きな研究テーマとなっている。ただし、共有の状態が生まれる前に非共有の状態への気づきがあることはもっと重視されるべきである。大人と子どもは、相手に非共有の心を感じ始めるからこそ、心をひとつにしようとして、視線や指さしやことばを通してそれを実現しようとするのである。それは、自分とは異なる相手の心への気づきであり、広義の「心の理論」の始まりではないか、と思う。

私-あなたの関係から第三者を見る視点へ

子どもは以上のような過程の中で、第二者、つまり、あなたとの関係を深めていく。では、それは第三者との関係とどう違うのだろうか?

第三者とは、図3-6の図で、第三項を物でなく人にすればすぐに成り立ちそうに見える。しかし、それは物とあまり違いのない対象としての第三項である。第二者はともに行動しているので、その行動経路の中に位置づけることができ、それだけに、その意図も読みやすい人物である。しかし、第三者は、最初、そのような共有世界の範囲外に現れる。だから、どのように位置づけたらよいかわからず怖い存在でもある。しかし、この第三者を正当に位置づけることができるようになったとき、子どもの対人理解は一段上がり、また、それは「心の理論」にもつながると考えられるのである。

このことを考えるために、二つの関係の違いを図3-7のように表してみた。

図中の下部に示したのは私とあなたがともに作る行動ルートである。そこでは、これまで述べてきたような共同注意や共同行為を進めながら、お互いがたどるルートを確かめていくことができる。たとえば、「どっち?」「次は、こっちに行くよ!」などと声をかけ合いながら進路を確かめていく。そして、すでに述べたように、日本の子どもの場合は、親子の、このような親密な関係性が特に強く、それが三歳以後の集団的な関係にも引き継がれると考えられるのである。

一方、上図の、第三者に対する関係では、いま述べたように、私は第三者と直接かかわりな

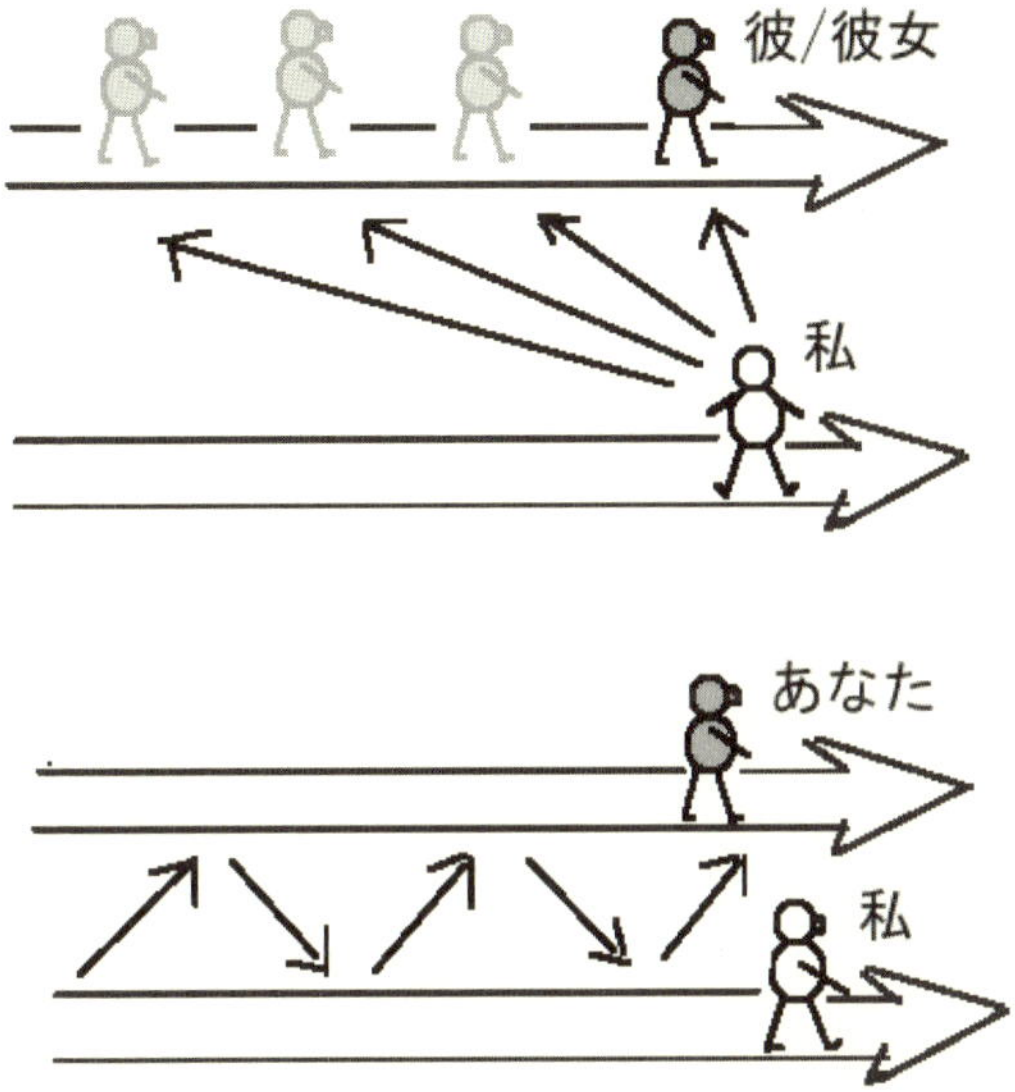

図３－７　あなたの経路確認の場合（下図）と彼／彼女の経路確認の場合（上図）

がらルートを確かめていくことができない。つまり、私は「これからどこに行く?」と直接問うことができないのである。そこで私にできることは、第三者がたどってきたルートや、これからたどりそうなルートをしっかり見つめ、たどり直して、先を予測することである。これが、サリーとアン課題で、第三者であるサリーの行動を理解することにつながるはずである。

　だが、この「たどり直す」という行為は、われわれ大人が考えるほど簡単ではないに違いない。そこでは、前章の最後で述べたような、記録写真を編集するような作業が必要になるはずである。それがどのようなもので、どのように作られていくかを次章以下で述べていくことにしたい。

4章　共同行為の中で気づくスクリプトの違い

大人がイメージする「心の理論」の誤り

一九八〇年前後に「心の理論」という心理学の大きなテーマをもち出したのは、もちろん子どもでなく大人である。また、このテーマについて知り、多くの本や論文を読み、新たな目で子どもや自閉症者を見つめるようになった人々も、もちろん、大人である。そして、大人は大人であるがゆえに、子どもの中に芽生え始める「心の理論」について適切なイメージを抱きにくい。このことが「心の理論」の理解をむずかしくしてきたのではないか、と思う。

大人は、心というと、ドラマの中に登場する架空の人物の心の動きを追うような気持ちでそのイメージを浮かべやすい。もちろん、それらの登場人物が置かれている状況は、ドラマを見ている当人のそれとは違う。しかし、大人は、その違いを乗り越えて登場人物の心理を読めるようになっているのである。そして、「心の理論」テストというものが開発されると、それにパスするかしないかによって、大人が抱く心の世界に入った者と、まだ入っていない者とを区別できると考えがちである。しかし、本当は、大人が抱く「心の理論」までには長い道すじがあり、その道程は漸進的で、いくつもの段階があると考えた方がよいのではないだろうか。

私たち大人が架空の人物の心のイメージを作り、架空の場面の中でその人を自由に泳がせることができるのは、心というもののあり方についてのイメージ（まさに「心の理論」に相当する）がほぼ完成しているからである。しかし、そこまでの道程は長く、また、その始まりはかなり早いと考えられる。

◤「同じ」と「違う」に気づくとき

「心の理論」とは他者の心の状態を推測する能力であるという。そして、なぜ推測しなければならないのかというと、自分の心と人の心は違うからである。だから、「心の理論」をもつということは、自分の心と人の心の違いに気づくということである。そして、「違う」とは「同じでない」ということだから、まずは、目に見えない「心」というものでなく、目に見える自分の行動と人の行動が同じでない、ことに気づくことが出発点になる。

架空の場所にいる架空の人物でなく、実在する小さな子どもの「心の理論」について考えるためには、その子がいる、その現場に視点を置いてみる必要がある。そして、その子はどこから来て、そこで何をし、その後、どこに行こうとしているのか、また、その行動の経過は他の子とどう違うのか、について考えてみる必要がある。幼い子どもが抱く心とは、まさにこのような具体的な行動を見つめる心であるはずである。

違いと違いへの気づきは、前章で述べた、三項関係が生まれたときにはっきり現れる。三項関係とは、人と人が一つの対象に注意を集中したときに成立する。しかし、これも前章で述べたように、人のまわりには、一つでなく多くの物が存在する（図4－1）。そして、それぞれの人は視界の中の別々の物を見ていることが多い。だから、指さしをしたり声を出したりしてズレを修正し、相手の視点を自分と同じ物に向けさせる行為（同図）は、心の「同じ」と「違う」に気づく始まりなのである。

図4－1　違いから一致へ

ただし、その後、子どもが発達してくると、「同じ」と「違う」についての気づきは、いま述べたような、注視する対象物だけでなく、出来事にまで及んでくる。出来事には時間経過があるので、その中のどこに視点を置くかについて、「同じ」と「違う」が生まれてくるのである（図4－2）。皆でおこなう行動が長くなると、中継点が多くなり、1章で述べたように、その中の先を行く者、遅れる者、脇道に入る者などが現れてくる。そのうちどこを見るかについて視点の違いが現れやすい。だから、出来事についての認識を共有するには、その違いに気づき、視点をそろえていくことが必要になるのである。

だが、二〜三歳の子どもは、まだ、他の人とのあいだで、このような、出来事の途中段階について視点を合わせることはむずかしい。まずは、それをはさむ、行動の始点と終点に注意を向けることが必要になる。そして、これをおこなうのが、保育園や幼稚園のような、集団活動の場なのである。

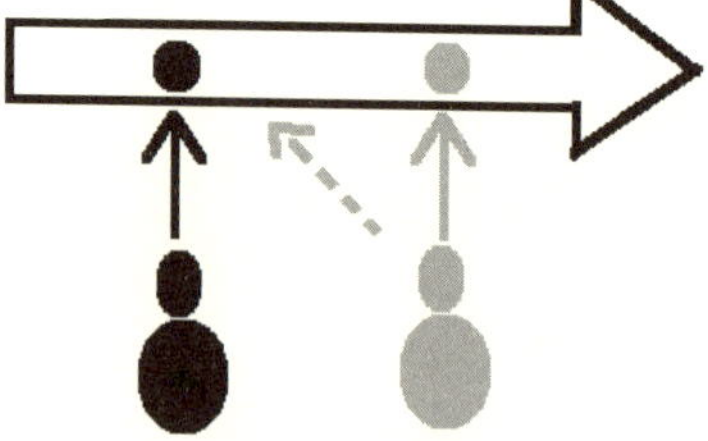

図4-2　出来事の中継点への視点のズレと修正

園での集団生活の始まり

乳児期（〇、一、二歳）を過ぎると、子どもの活動は少しずつ自立してくる。また、支援を受ける大人との関係だけでなく、子ども同士の対等の関係も多くなってくる。

すると、この対等の関係の中で生まれるのは、マネする、同調する、追いかける、同行する、物を取り合う、順番を待つ、などの行動である。これらの行動に共通しているのは、二人以上の子どもが並行して、同じ物や方向に向かっている、ということである。しかし、そこに多少

図4－3　先生の指導のもとに共同のルートへ

のズレがあるから、マネして同じにしたり、追いかけて追いついたりするのである。つまり、やはり、「同じ」と「違う」が意識されている。ただし、取り合う、順番を待つ、の場合は、目標物が人数分用意されていないため、それを得るために争ったり、一時譲ったりすることになる。

そして、子どもが保育園や幼稚園に入ると、さらに新しい行動の形が生まれる。それは、複数の子どもが同じ方向を向いて行動するという点ではいま述べたものと同じだが、先生という立場の大人がその動き全体を調整しているという点でそれまでとは異なっている（図4－3）。

園での生活の特徴は、登園から始まり降園で終わる枠組みの中に多くのプログラムが組み込まれている、ということである。そして、それらのプログラムにも始めと終わりがあり、それが毎日繰り返される。

子どもは園に到着すると、たとえば、靴を脱いで下駄箱に入れて上履きに履き替え、教室に向かう。そして、教室に到着するとカバンをフックにかけ、服を着替える。こうして園の日課が始まる。

これらの行動に共通するのは、始めと終わりがあり、終わりは次の行動の始まりになる、ということである。そしてそれらは、全員が共有して毎日繰り返しているプログラムでもある。また、朝の会やおやつなどの園の日課も、皆が集合し、準備し、活動が終わると片づけし、解散するという、いわゆる共同行為ルーティン（長崎ほか 一九九八）の形をとっている。

だから、ここでは皆が「同じ」であることが重要であり、誰かがはずれるなど、「違い」が出ても、それは皆に合うように修正することによって打ち消される。そして、日本の園では、保育士や教師などの大人が子どもたちの行動がそろうように細かく目配りし、また子どもの方も大人の目を気にしながら行動する、という面が強く表れている。つまり、集団行動の中にも、前章で述べたような、私‐あなたの強い関係性が含まれているのである。

園生活の台本（スクリプト）

園での生活が家庭での生活と大きく異なるところは、ほとんどすべての行動について台本のようなものができているということである。しかも、その台本は、多くの子どもたちがそれに沿って行動する、強制力の強いものである。

先に述べたように、園での生活は、登園から降園までのあいだにさまざまな活動が用意されているが、そのすべてについて有形無形の台本が用意されている。それがなかったら、指導する大人はたくさんの子どもを動かすことができないだろう。

子どもの園生活に限らず、私たちの行動の多くは台本のようなものにもとづいている。認知心理学では、それを台本という意味とともにコンピュータ・プログラムの意味をもつこともある、「スクリプト」ということばで表している（Schank & Abelson 1977など）。それは、個々の出来事だけでなく、類似した出来事に共通する物事の流れを表す目録のようなものである。

私たちが会話するとき、出来事の細かいところまでいちいちいわなくても話が通じるのは、スクリプトをもっているからである。たとえば、話し手が「レストランでハンバーグを食べた」といえば、聞き手は、その人がまず店に入り、席に着き、ハンバーグを注文し、食後は料金を払って店を出た、ということを聞かなくても理解する。また、自分の予定を立てるときも、その全体について細部まで決める必要はない。旅に出るというなら、日程や交通手段や宿を決めなければならないことは言外に含まれている。私たちの会話も予定も思い出もスクリプトで支えられているのである。

似たようなことは、園での生活の中でも頻繁に起きている。先生が園児たちに向かい、「きょうは動物の絵をかきます」といえば、そこには、画用紙とクレヨンなどを用意することや、描き終わった後は絵の提出や片づけをしなければならないことが含まれているのを園児たちは了解している。

このように、子どもは、園生活を送る中で徐々に活動の背後にある台本（スクリプト）に気づき、見通しをもって自立的に行動できるようになるのである。

◣園生活の中のスクリプトの特徴

一九七〇年代の末に生まれたスクリプトの理論は、一九八〇年代になると、子どもの心理発達にも適用されるようになった。ネルソン（Nelson 1988）によると、子どもは早くも三歳頃から日常的に経験する出来事についてかなり正確に述べることができるらしい。つまり、この頃から、出来事の基本的なスクリプトが作られるようになっているのである。そのため、家庭や園で経験する出来事の流れを理解し、その中に入っていくことができるのである。

しかし、三歳ではごく日常的なスクリプトがあるだけで、まだそこから外れた出来事を組み込むことができるようなスクリプトはできていない。これが、一般に三歳以前の出来事が記憶されにくい理由でもある。しかし、四歳、五歳と年齢が進むと子どものスクリプトにもオプションが付くようになり、さまざまなケースに対応できるようになる。また、つまずいたときに後戻りすることもできるようになるのである（ハドソン 一九九五など）。

この発達的変化は、年齢的にも内容的にも、サリーとアン課題のような「心の理論」テストにパスするようになる過程に対応しているように思われる。

ネルソンら（Nelson & Gruendel 1986）は、次のような五つの特徴をあげることによって、幼児期に発達するスクリプトというものを定義づけている（コーエン 一九九二の中の訳より）。

1　スクリプトは系列的に構成されている。
2　スクリプトは主要目標を中心に構成されている。
3　スクリプトは一般化されており、スロット内の要素は定まっていない。
4　同じ経験をした人たちのあいだではスクリプトは類似している。
5　経験を繰り返すことによってスクリプトは一貫したものになる。

これらの特徴は、園での生活にまさに当てはまるものである。園の生活には、これまで何度も述べたように、登園で始まり降園で終わるまでのあいだに多くの活動が用意されている。さらに、それら個々の活動にも始めと終わりがある。つまり、1と2の特徴にあるように、系列的であると同時にゴールとなる終わり（主要目標）がある。また、3で述べられているように、系列を作るスロット（構成要素を当てはめることができる枠のようなもの）にはいろんな活動を入れることができるが、どの場合にも始めと終わりがあるという点で共通しているのである。

そして、園児たちが皆で、しかも毎日繰り返して園生活を送ることによって活動の基本的な流れ（スクリプト）は子どもの心に深く刻みつけられる（4、5の特徴）。

ただし、園生活のスクリプトには通常のスクリプトとは異なるところがあるように思う。それは、始めと終わりの部分が特に強調されているという点である。いうまでもなく園とは、子どもたちが集団的に動く場所である。そして、入園まもない子どもたちに、長く複雑な行動を期待することはできない。すると、子どもたち全員に合わせてほしい部分は活動のスタート地点とゴール地点である。子どもを導く大人はもちろん子どもも、スクリプトのかなめとしてそこを意識することになる。

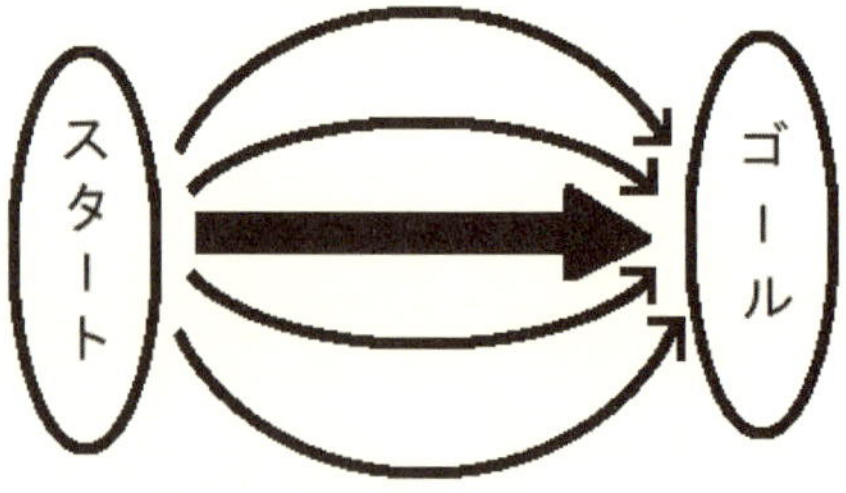

図4－4　スタートとゴールの管理

たとえば、自由遊びの時間帯は、もちろん、始まりと終わりのあいだの活動は自由である。また、お絵かきの時間では、いろいろな絵を描く子がおり、早く描く子も遅く描く子もいるだろう。しかし、始めと終わりをきっちり合わせるのが先生の役割である（図4－4参照）。

だが、その後、子どもの活動には、始めと終わりのあいだにいくつかのステップや別ルートが生まれてくる。そのことによって子どもの中にいろいろなスクリプトの形ができてくるのである。

集団の中で気づくスクリプトの違い

ところで、幼児期のスクリプトの発達について考えるとき、見落としてはならない視点があるのではないか、と思う。それは、スクリプトは集団の中でこそ大きく発達するという視点である。子どもは、一人だけでスクリプトにもとづく行動を実行するとは限らない。特に園に入ってからは、多くの子どもが共通するスクリプトのもとで動いている。すると、その中で、子どもたちは、お互いの行動の同型性に気づくようになる。つまり、皆が同じスクリプトで動いていることに気づく中で、その集合体である「私たち」の意識が芽生えてくるのである。

しかし、同型性に気づくということは、同時に、「同じ」になれていない部分、つまり「違う」に気づき始めることでもある。その結果、子どもは皆の中に次のような者がいることに気づくことになる。

・遅れている子

・寄り道をしている子

・先走る子

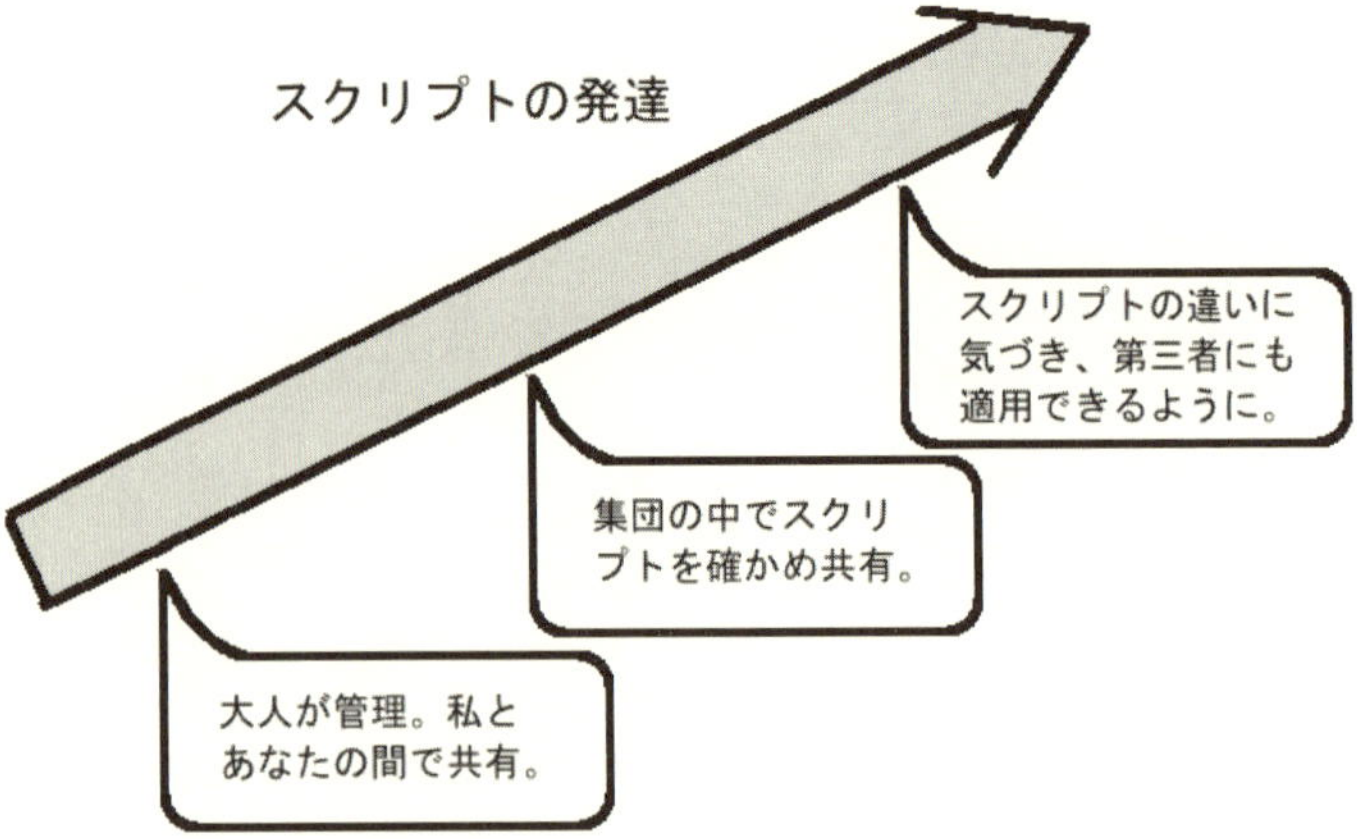

図４－５　スクリプト発達の３段階

つまり、大きく見るとスクリプトを共有する「私たち」の中にも、進行具合やルートが少し異なる者がいることを発見するのである。それは、「私」や「あなた」の外にある、「彼／彼女」の位置にある者たちであることが多い。そして、子どもは、経験を積む中で、自分自身や身近な者も、皆に遅れたり、寄り道をしたり、あるいは皆と歩調を合わせられず先走ったりして、規定のスクリプト進行の外にいることがありうる、または、あったことに気づくようになる。すると、このようにたびたび起きる出来事の経過は、スクリプトのズレとして従来のスクリプトの別ヴァージョンとして理解されるようになるのである。

以上述べてきたことは、スクリプトの発達過程として、図４－５のように表すことができるだろう。

つまり、子どもが最初に身につける第一のスクリプトは、大人（あなた）から与えられ、私のものとなったものである。しかし、入園したり、子ども集団ができて、より大きな集団の中でスクリプトを共有するようになると、「私たち」の意識が芽生え、また、その中でのズレも意識されるようになる。

たとえば、給食の準備をする場面について考えてみることにしよう。席に着く前に手を洗ったか？　食器をすべてそろえたか？　食べ物をきちんと盛ったか？

これらのことを皆と自分のあいだで照らし合わせる。そして、自分だけでなく、他児の中にも、早く進んでいる子や遅れている子、何かを取り忘れている子を発見するのである。

集団の中には、すぐ隣にいる子や先生など、私－あなたの関係になりやすい者もいれば、直接交渉しないでただ見るだけの、第三者的な子どももいる。人数のうえでは、むしろ、こちらの方が次第に多くなってくるだろう。

自閉症児に対するスクリプト支援

ここで、スクリプトという概念をわかりやすく説明するために、私が長年かかわってきた、自閉症児に対する支援活動と関連させて説明してみることにする。

自閉症児とは、序章や1章で述べたように、「心の理論」テストにパスしにくい子どもたち

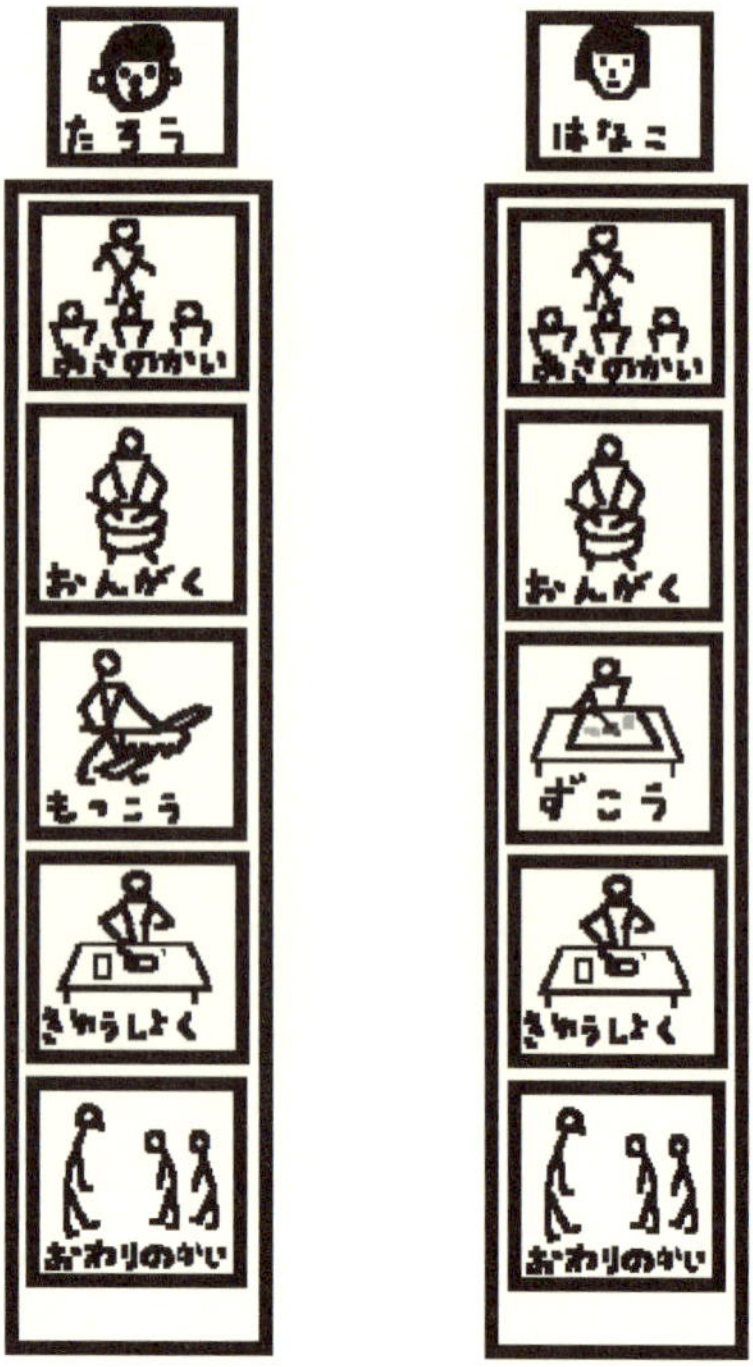

図4－6　自閉症児へのスクリプト支援の例

だが、同時に、状況の意味を読みとり、それに則した行動をとりにくい子どもたちでもある。そのため、彼らには、状況の読みとりを促すためのさまざまな支援がおこなわれている。その中でもよく用いられるのが、スケジュールの構造化という方法である。構造化とは、出来事の構造を自閉症児に視覚的にわかりやすく示すために、米国ノースカロライナで始まったＴＥＡＣＣＨプログラムで用いられるようになった方法である（佐々木 一九九三など）。

この方法では、たとえば、図4－6のように、朝の会から始まって帰りの会までの五つの活動を次のように表すことができる。それらは、まず、図のように、それぞれの子ども（ここでは太郎と花子）のスケジュールボードに、裏にマジックテープの付いた五枚の絵カードにして貼り付けられる。子どもは、各活動が始まるときに、上から順に、カードをはがし、その活動がおこなわれる場所のカードポケットに入れて活動を始める。そして、その活動が終わると、再びスケジュールボードに戻り、次のカードを取って対応する活動を始める、という手続きを繰り返すのである。

これら複数の活動は多くの場合、教室の中に設けられた各エリアでおこなわれるが、時には他の教室に移動することもある。たとえば、図工室、音楽室、給食室への移動である。

このスケジュールボードによる方法をスクリプト支援と考えることができるのは、それが活動の順序性を表し、また、その各構成要素がカードによって示されているからである。カードの内容は、その日ごと、または子どもごとに入れ替えることができる。つまり、各カードは、先述した、ネルソンによる、スクリプトの定義の中のスロットに当てはめる要素の役割を果たしているのである。だから、日によって異なるスケジュールのどこがどう変わったのか、また、自分のスケジュール（たとえば太郎の）が他の子（たとえば花子）のスケジュールとどう違うのかを見通し、比較することを可能にしているのである。

◥スクリプトを途中からたどることができる利点

このように、スケジュールの各要素をカードで示すことの利点は、どこからでもスクリプトをたどることができるというところにある。

私たちは、多くの場合、視点を「いま・ここ」に置いており、「いまから何をすべきか？」について考えている。しかし、スクリプトの各要素がカードとして示されていると、その中のどこかを選び、次は何か、という思考を働かせることが可能になるのである。また、行動を進めるその起点を自分でなく他の人物（図4-6なら、太郎にとって花子）の場合にすることも可能になる。

「心の理論」とは、他者の心を読み、その行動を予測する能力である。すると、このように、自分でない誰かの、どこかの時点を起点として行動の先を読むことができるスケジュールボードのしくみは、まさに「心の理論」に通じるものであると考えられるのである。

5章　「心の理論」の新テストの開発

◥共同行為性が見えにくいサリーとアン課題

これまで述べてきたように、集団に参加してまもない子どもが経験する出来事は、始点と終点だけが強くイメージされるものだが、次第に遅れや分岐などが意識されるようになる。子どもは、出来事のさまざまな経過を集団活動の中で見分け、スクリプトとしてイメージ化するようになる。それを集団の中にいるさまざまな人に当てはめることにより、心の違いに気づくようになると考えられる。しかし、サリーとアン課題をはじめとする「心の理論」テストは、このような、「心の理論」が形成されていく、共同行為の中での経験を見えにくくしているのではないか、と思う。

第一に、サリーとアン課題に代表されるテストでは、物の移動が出来事のメインになっている。そのため、スタートからゴールに至る人の活動の流れとして捉えにくい。

第二に、テストの中で、アンやマキシーの母親は活動の妨害者として登場する。そのため、課題は個人対個人の関係の問題として示され、集団的・共同的な行動に結びつけにくいものになっている。

物の予期せぬ移動にもとづく、これまで用いられてきた多くのテストは、「心の理論」の達成を測るうえで有効な役割を果たしてきたが、この目的を果たすための唯一の方法ではない。むしろ、物でなく人に移動があった方が、共同行為と関係しながら形成されると考えられる「心の理論」の本質に結びつくのではないか、と思う。そこで、このような考えから、別種の「心の理論」テストを考案し、試してみたのが以下の研究である。

新テストの開発

私は、サリーとアン課題と同じようなしくみで「心の理論」の成立の可否を確かめることができるが、この課題よりも集団的・共同的な活動の姿を備えた新テストを開発しようと考えるようになった。それは、いま述べた、サリーとアン課題とは異なる、次のような特性をもつものである。

第一に、新テストでは、物の移動でなく人の移動によって出来事が進行する。そのことによって、観察者は人の行動が引き起こす出来事の流れを追うことになる。

第二に、出来事の登場人物は全員が同じゴールに向かって行動を進めている。しかし、そこに個人的な逸脱が生じてくる。それを見分けることによって人によって異なる立場や心のあり方を気づかせる内容とする。

このような趣旨に合ったテストとして私が最初に考えたのは「お店屋さん課題」と名づけたものだった（図5-1参照）。この課題には、三人の子どもを表す人形と二つの店（本屋とオモチャ屋）のミニチュアが用意された。シーン1では、三人の子どもが本屋さんに入る。本を見ているあいだに一人が本屋を出てマーケットの中のトイレに行く。その子がいないあいだに他の二人は隣のオモチャ屋に行き、その中に入ってしまう。その後、トイレに行っていた子が戻ってくるのである。

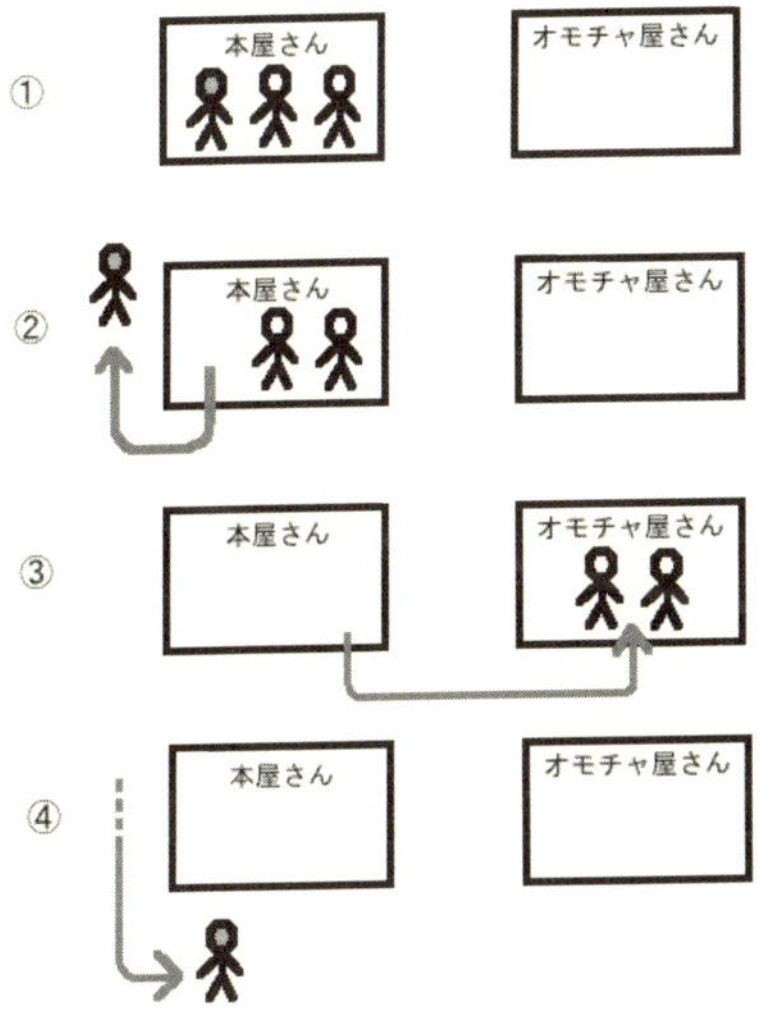

図5－1　お店屋さん課題を試してみる

各店の内部は見えず、戻ってきた子は本屋

の手前にいる。このような状況で、その子がどちらの店に入るか、テストの参加者に聞くのである。

このテストを作成した後、三人の自閉症児に適用してみた。この三人には事前にサリーとアン課題を適用しており、一名はパスし、残る二名はパスしていなかった。結果は、事前課題にパスしていた一名は正しく本屋を選ぶことができ、他の二名はオモチャ屋の方を選んだのだった。その結果、このような内容をもつ課題は、サリーとアン課題の基本的なコンセプトにも相当するという見通しをもつに至ったのだった。

遠足課題の作成

このように、先に述べた趣旨にもとづき、新テストの具体案とわずかだが実施例を得るに至ったわけだが、課題内容については他にも案を出して検討してみたいと思った。そこで考え出したのが遠足課題だった。遠足は園や学校の行事としてよく経験するもので、流れもわかりやすい。このような経過から、新テストとして多くの子どもに適用するのは遠足課題とすることにした。

遠足課題では、図5－2のように、サルとパンダとコアラの小さなぬいぐるみと、入り口を大きく開閉できる教室とバスの模型が用意された。そして、図の各シーンごとに、テストに参加した子どもたちに次のような説明と質問のことばがかけられた。

①今日はバスに乗って遠足に行きます。みんなは教室に集まって出発を待っています。

②教室で待っているあいだに、サルがトイレに行きました（サルを背後に移動）。

③サルがトイレに行っているあいだにパンダとコアラは先にバスに乗ってしまいました（パンダとコアラをバスに乗せ、教室とバスの入り口を閉める）。

④その後、サルがトイレから戻ってきました。サルはどこに入ると思いますか？ 教室かな？ バスかな？ 教えて下さい。

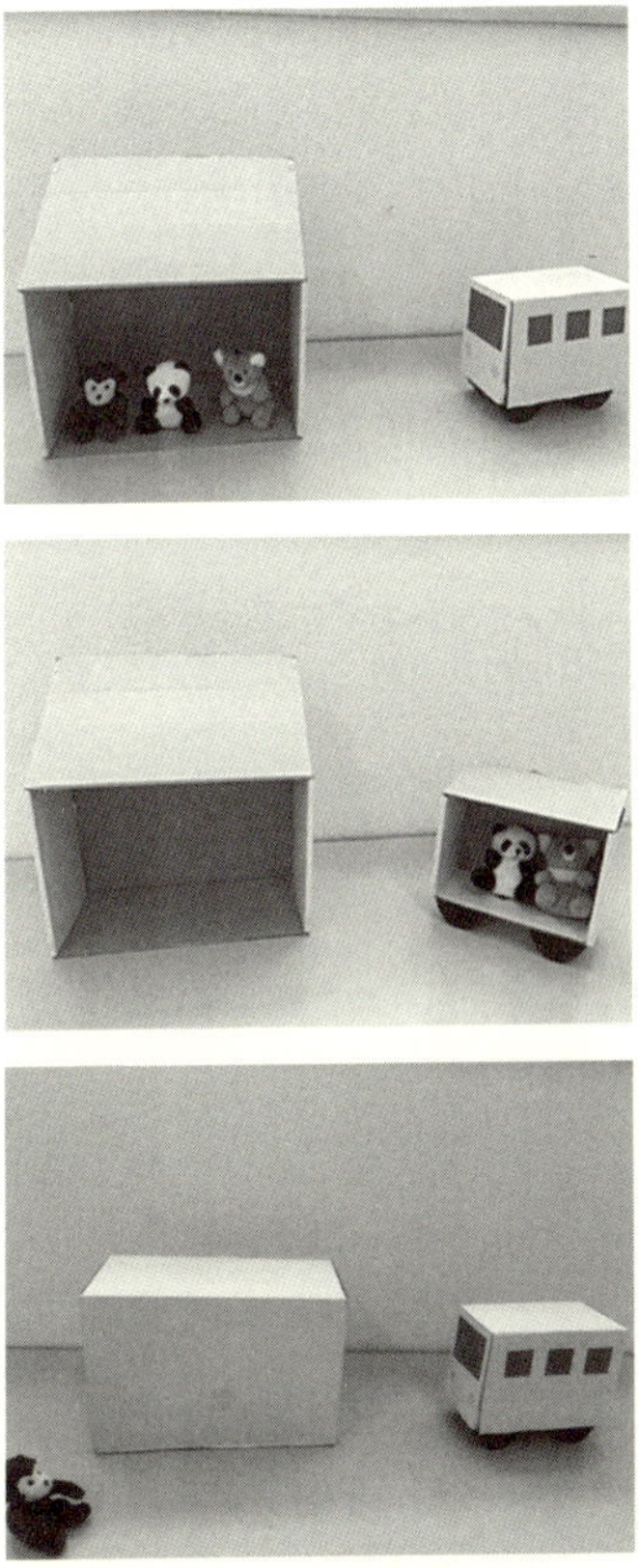

図5-2 遠足課題の展開

なお、子どもが回答した後、「どうしてそこに入ると思う?」と質問し、その回答の後に、最初はどこにいたか聞いた。

サリーとアン課題とともに適用してみると

では、この遠足課題をサリーとアン課題とともに実際に子どもたちに適用してみると、どのような結果になるだろうか? なお、サリーとアンの人形とビー玉を用いる設定は、日本の子どもたちには、そのキャラクターがわかりにくい。そこで、誰にもよくわかるように、図5－3に示すように、サリーの代わりにクマのぬいぐるみを、アンの代わりにウサギのぬいぐるみを、また、カゴと箱の代わりに青い箱と赤い箱を、そしてビー玉の代わりにボールを用いることにした。また、子どもが回答した後、「どうしてそこを開けると思う?」と聞くのも遠足課題と同様である。

図5－3　サリーとアン課題として用いられた材料

テストを適用したのは、まさに「心の理論」形成の時期にあると考えられる、保育園と幼稚園の年中組の子どもたち（四～五歳）、計五〇名である。なお、テストの実施時期が秋から冬

表5－1　2種の課題の正答・誤答の対応関係（人数）

	サリー1　正答	サリー1　誤答	計
遠足1　正答	14	3	17
遠足1　誤答	12	21	33
計	26	24	50

にかけてだったので、半数以上はすでに五歳になっていた。

二つの課題の正誤を対応させて示したのが表5－1である（あとで、サリーとアン課題についても、遠足課題についても修正版を実施しているので、その結果と区別するために「サリー1」、「遠足1」と表記している）。結果を見ると、両方ともできなかった者が二一名と最も多く、両方ともできた者が一四名と次に多い。つまり、両課題は、この時期に達成されるある種の能力、つまり「心の理論」に相当するものによって解かれると仮定できるのである。ただし、サリーとアン課題はできたが遠足課題はできなかった者が一二名いるので、遠足課題の方がより難度が高い課題となっていたようである。その理由として、バスが最終ゴールとして選ばれやすい特性をもっていたことが考えられるが、この問題は、子どもの反応を詳しく紹介した後で、あらためて取り上げることにしたい。

◥子どもは自分の選択をどう理由づけたか？

ところで、サリーとアン課題にしても遠足課題にしても回答は基本的に二つにひとつである。そこで、答えを見るだけでは、そこに至る思考

表5-2　「サリーとアン課題」におけるボールの在りかに注目した理由づけ

理由づけのことば	正答者数	誤答者数
入ってる（ある）から	0	11
入れたから	7	1
入ってたから	1	0
しまったから	1	1
開けたから	3	0

の過程はわからない。そこで、すべての回答について、「どうしてそこを開けると思う?」（サリーとアン課題の場合）または「どうしてそこに入ると思う?」（遠足課題の場合）と聞くことにしていた。これに対してはさまざまな答えや反応が見られたが、まずは、サリーとアン課題（ここではクマとウサギを用いた課題）での子どもの反応から見ていくことにする。

理由づけにはいくつもの種類があったが、最も多かったのは、表5-2にあるように、その場所とボールを関係づけるものだった。つまり、そこにボールが「入ってるから」とか、そこにボールを「入れたから」というものである。また、入れる前には箱を開けるので、最下段にあるように「開けたから」という理由づけもこの中に入れた。さらに、それぞれに該当する人数を正誤の反応に分けて示しておく。

◥現在形と過去形に分かれた理由づけ

ところで、表5-2を見て気づくのは、その回答が、太字で表した部分からわかるように、現在形で表されているものと過去形で表されているものに分かれることである。また、前者はすべて誤答であり、後者のほとんどは正答である。過去に視点を置いたものはサリーの立場で考えているので正答となり、現在に視点を置いたものは、その他の人々の視点だったので誤答になったのである。

ボールを見つけるために青い箱と赤い箱のどちらを開けるべきかは、当人が現状をどう判断しているか、による。そして、この現状判断は、青い箱から赤い箱に移された全過程にもとづくか、最初に青い箱に入れた時点にもとづくか、によって異なってくる。もちろん、全過程にもとづく判断の方が客観的には正しいが、ここではクマ（サリーに相当）の判断を求めているので、後者の判断の方を選ぶと正答になるのである。なお、表5-2に、過去形で表しているにもかかわらず、赤い箱を選んで誤答となっているものが二名いるが、これは、同じ過去でも赤い箱に移された時点での過去を表していると考えられる。

クイズ感覚で答える

ところで、このテストの状況では、子どもにとって大きな矛盾が生じている。というのは、自分にとって正しい判断で選ぶと誤答となり、誤った判断で選ぶと正答になるからである。これは園や学校で用いられる通常の設問の場合とかなり異なる。

これまで何度も述べてきたように、この時期の子どもは、皆が共有する正答に向かおうとす

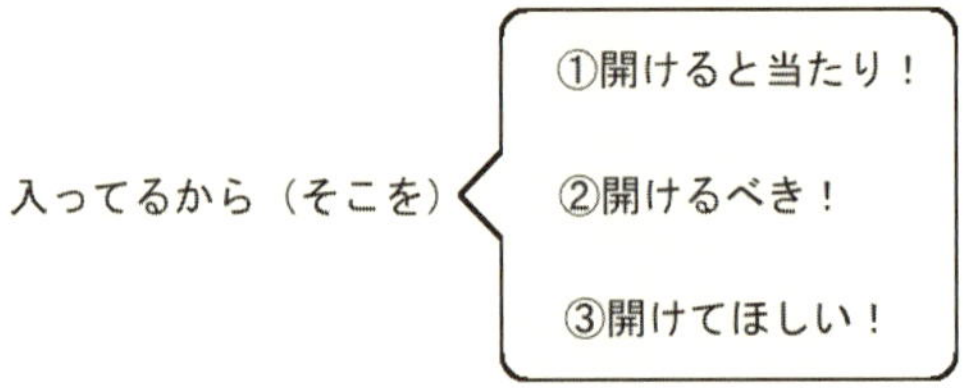
入ってるから（そこを）
①開けると当たり！
②開けるべき！
③開けてほしい！

図5－4　「入ってるから」の後を補ってみると……

る習性をもっている。わかりやすくいうと、それはクイズ感覚であるといえるだろう。だから、クイズでしくじることなく、早く「当たり」にたどりつこうとする。そのような思いの中で、しくじる道をたどるサリーの行動経路は無視されやすくなるのである。

　ところで、四～五歳の子どもは、すでに多くのことを語ることができるが、今回のように自分の判断の根拠を求められると、適切なことばを用いることができず、省略的なものにならざるをえない。「入ってるから」で途切れてしまったことばを補ってみると、図5－4のようになるのではないか、と思う。

　まず第一に、子どもが言外にいわんとしていることは、そこを開けるのが当たりだから、ということである。そして、なぜ当たりなのかというと、第二のことばに表れているように、そこにしかボールは入っていないから、そこを「開けるべき」だからである。

　すでに述べたように、大人は、この時期の子どもに対して、こういう時には、こうやってほしい、という理想を、スクリプトの形で発し続けている。だから、子どもは、さまざまな状況の中で、まずは、どうするのが理想的な行動の流れか、について判断しているのである。また、そこには、第三のことばに表れているように、「こうしてほしい」という、大人の思いを代弁することばも含まれているのである。

このように、この時期の子どものスクリプトの基本は、いわば理想論でできている。しかし、実際には、理想どおりにいかない場合が起きてくる。このテストの状況が、まさにそれである。だから、ここでは、発想の転換を迫られる。そのため、あとで見るように、この事態で、多くの子どもには戸惑いが表れるのである。

時間意識の芽生え

では、どうやって、子どもは、理想どおりにいかない場合の人の動きに気づくようになるのだろうか?――それは、時間経過というものに注目することによってであると考えられる。

このテストで、子どもや検査者が、とるべき、または、とってほしい、と考える行動は現在の状態にもとづいている。それは、目の前の状況をただ見続けていればわかることである。しかし、サリー(ここでは、クマ)がとることになる行動を知るには、過去から現在に至る時間の中で、その人物の行動経過を組み立ててみることができなければならない。そして、どこを起点として次の行動が始まるのかをイメージする必要がある。そのことによって、皆が共有し

表5-3　「サリーとアン課題」における時を表す理由づけ

理由づけのことば	正答者数	誤答者数
さっき	2	2
先に	2	0
最初に	2	0

ている以外の、もうひとつのシナリオが生まれるのである。

表5-2の、「入ってる（ある）から」以外の四つの理由づけを見てほしい。それらは、「入れた」「入ってた」「しまった」「開けた」と、すべて過去形になっている。そして、このように理由づけた者はほとんどが正答している。これらの正答者は、クマが青い箱にボールを入れた過去の時点にさかのぼり回答したのである（なお、「開けた」というのは入れる前の動作を示している）。一方、誤答となった二人は、同じ過去でも、ウサギがボールを赤い箱に移し換えるために「入れた」という、現在に直結する過去を表したと考えられる。

時間への注目は、過去形以外の表現にも表れている。表5-3は、時を表すことばの使用と正誤の関係を示したものである。やはり正答者が多い中で現れた二人の誤答者は、ウサギがボールを移したときの「さっき」を示しているようである。「さっき」というのは比較的近い過去を示すことはわかるが、その位置は特定しにくい。これに対して、他の回答者に現れた「先に」「最初に」ということばは過去の中でもその位置が特定されている。だから、時間経過がより正確に把握されており、結果も全員正答に

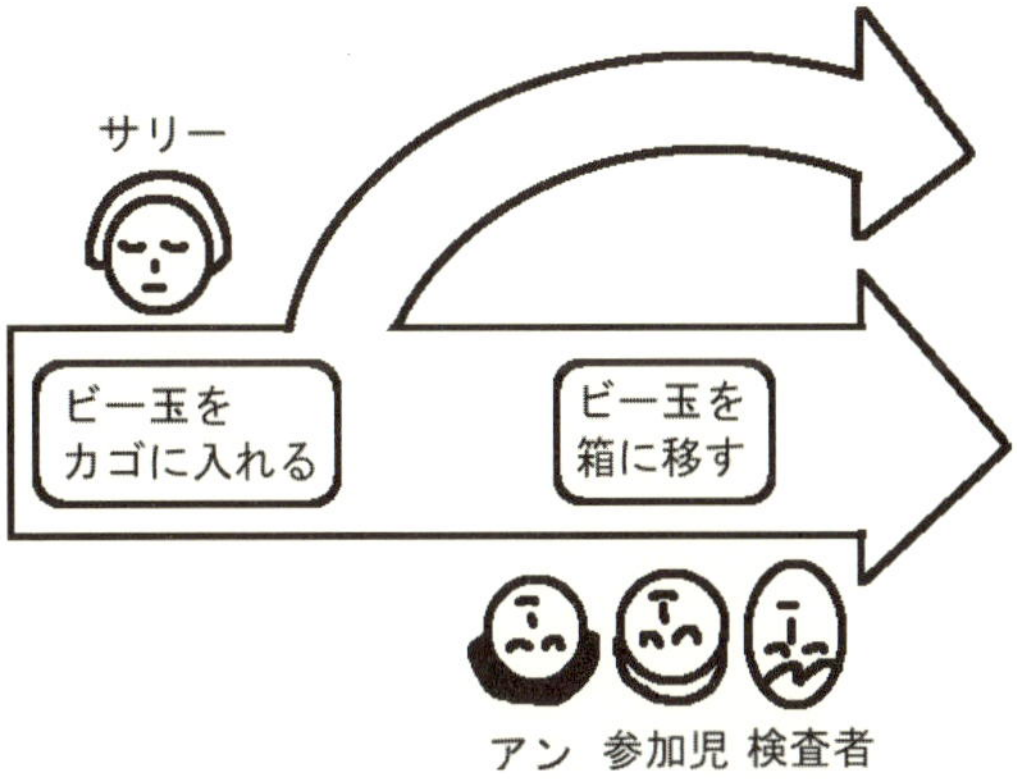

図5-5 目撃された二つの過去

なっているのである。

◥二つの過去

ここで、過去を表した者の中に正答者だけでなく誤答者もいたということは注目に値する。そこには、過去をどう見るか、についての示唆があるからである。これについて考えるために、サリーとアン課題の時間経過をもう一度見つめ直してみることにしよう。

この課題には図5-5に表したように二つの過去がある。第一の過去は、ビー玉をカゴに入れたという、サリーにとっての「いま」を生み出す過去であり、第二の過去は、それが箱に移されたという、皆にとっての「いま」を生み出す過去である。この二つの過去が図中のタイムラインに位置づくことになる。そして、課題にパスした者は第一の過去をその理由とし、パスしなかった者は第二の過去をその理由としたわけであ

表5－4　「サリーとアン課題」における心を表す理由づけ

理由づけのことば	正答者数	誤答者数
思ったから	2	0
思うから	1	0
思って	0	1
知らないから	3	0
気づかなかった	1	0

る。つまり、行動の流れの中には複数の過去が並んでおり、その人がどの過去を起点として次の行動を起こすかを適切に判断できるか否かが「心の理論」テストの正誤を決定するといえるのである。

◥心を表すことば

ところで、このように出来事のさまざまな時点に注目しているのは人の心である。そして、この心が当人の行動を方向づけることに子どもは次第に気づくようになる。そして、いまの状態を決定している過去の光景も、これから起きるであろう未来の光景も、いま、目の前にはなく、頭の中にあるだけだから、そのことを示す「思う」など、心の中を表すことばを用いるようになるのである。

心の状態への気づきは、子どもの理由づけの中にも表れている（表5－4）。入っていると「思った」り、移されたのを「知らない」ことが当人の行動を決定すると考えるようになっているからである。そして、このように心を表すことばを使った者のほとんどが正答している。つまり、それぞれの人がもつ心がそれにもとづく行動を引き起こすことに気づき始めているのである（ただし、登場人物の心でなく自分の心について「思った」と答えて誤答になっている場合も一例ある）。また、中には心理の読み取りでなく「あると思ったけどナァ……」と、登場人物の思いを代弁する答えもあった。

このように、人の心が行動の方向を決定することに気づくことは、人々が互いの行動を理解するうえで非常に重要である。だからこそ、このことへの気づきのしくみに「心の理論」という名前が付けられ、大きな研究テーマになったといえるだろう。

◥自分の視点と第三者の視点とのあいだでの迷い

ただし、四～五歳の子どもにとって、自分の視点にもとづく行動と第三者の視点にもとづく行動の二つを立て、結果的に後者の方をとるのは簡単なことではない。テスト場面での自分の視点は、これまで述べてきたように、多くの場合、検査者（大人）の視点でもあり、それは通常、皆が見習い、従うべき視点である。それを脇に置いて、第三者である人物がとることになる行動を選ぶのはむずかしいことなのである。

その様子は、今回の検査でも、反応や理由づけの中に表れていた。表5-5に見られるように、問われて、迷った（三秒以上とした。一〇秒以上の例もある）末に答えたり、一方を選んだ後に他方に訂正する場合が計六例見られた。そして、これらの例では最終的に全員が正答して

表5－5　「サリーとアン課題」における選択や理由づけに表れた迷い

反　応	正答者数	誤答者数
選択前に迷う	4	0
訂正する	2	0
「わからない」	2	3
「むずかしい」	1	0
沈黙する	3	3

いる。おそらく、自分や検査者が共有する視点を捨てて、他の人物の視点に切り替えることに葛藤を示したのだろう。また、自分の選択の理由をことばにできず、「わからない」「むずかしい」と答えている者もいる。この場合には、結局、自分たちの視点をとって誤答になっている場合もある。つまり、それだけ集団的バイアス（2章参照）が強いのである。この時期の子どもには、まだ、「赤い箱を開けるべきだけど、クマは、ボールが移されたことを知らないから、青い箱を開けてしまうだろう」というような、二つのスクリプトを対立させたうえで答えを見つけだす論理と、それを表すことばが、まだ十分には育っていないと考えられるのである。

所属による理由づけ

なお、今回のテストでは、以上とは別種の理由づけも見られた。それは、所属による理由づけ、といえるものである（表5－6）。テストでは、薄い青色のクマのぬいぐるみに青い箱、ピンクのウサギのぬいぐるみに赤い箱、というセットが用意されていた（図5－3

表5-6 「サリーとアン課題」における所属にもとづく理由づけ

理由づけのことば	正答者数	誤答者数
青いから	2	0
男だから青	1	0
おうちだから	2	0
自分の箱だから	1	0

参照)。そのため、この結びつきは強く、部屋に戻ってきたクマは自分の所有物に働きかけるという発想が生まれたのだろう。表に見られるように、「青いから」「男だから青」と青という色で結びつける者や「おうちだから」「自分の箱だから」と所有関係によって結びつける者がいた。そして、全員が正答している。

このような関係性は、このテストの元となるサリーとアン課題にも含まれていたのではないか、と思う。そこには、今回のような色や性による対応はないが、サリーはカゴ、アンは箱という、所有関係は示されていたのである。それが、子どもの答えにも影響していたと考えられる。

このように推測する根拠は、サリーとアン課題の結果をマキシーとチョコレート課題の結果(ともに2章で紹介)と比べたときの正答率の高さである。後者の正答率は四~五歳児で約四〇パーセントなのに対して、前者は四歳児で約八〇パーセントと、明らかに高い正答率になっているのである。

このような結果の違いが出てきた要因は、いま述べた、サリーにはカゴという対応関係への注目である。部屋を出たサリーが、自分に所属する物のところにいったん戻る、というのは子どもにとってわかりやすい事の経過である。今回のテストでは、六名の子どもがこれに相当する理由づけをして正答したわけだが、この対応関係は、それをことばにしなかった他の子どもの判断にも影響を及ぼしていたかもしれない。

なお、ここで考察を加えると、このようにキャラクターと物の親和性によって出された正答というものが本当に「心の理論」の成立を意味しているか、というと疑問が残る。この場合は、人物の行動を人物の内部の心にもとづいて推測しているとは限らず、キャラクターと物の結びつきを考えだした子どもの側の視点で答えが出されたとも考えられるからである。

遠足課題に表れた強い目的意識

では、以上の結果と比べて、新テストである遠足課題には違いがあったのだろうか？　このテストの理由づけには、サリーとアン課題と共通するところもあったが違うところもあった。違うところは、遠足課題には、遠足に行くという強い目的意識があり、また、その経過は遠足のスクリプトとして子どもたちの中にあらかじめできあがっているということである。そして、「心の理論」の成立を、これまで述べてきたように、自分の側のスクリプトと登場人物の側のスクリプトを対立させて、後者の方を取るようになることと考えるなら、遠足課題がもつスクリプトの明確性は、「心の理論」の成り立ちをよりわかりやすく示すと考えられるのである。

表5-7 「遠足課題」における強い目的意識の表れ

理由づけのことば	正答者数	誤答者数
遠足だから	0	3
遠足行くから	0	3
どこか行くから	0	1
置いて行かれたら困る	0	1
追いかけていくから	0	1

表5-7に示した理由づけは、いま述べたような強い目的意識がはっきり表れている。そして、全員が、どこに入るか聞かれてバスを選び、誤答している。中でも「置いて行かれたら困る」という答えは、遠足に行くという、皆に共通する行為に乗り遅れまいとする意識を如実に表している。また、「追いかけていくから」という答えは、このテストでその行動が問われているサルには皆の動きが見えていなかったはずなのに、皆についていかせたい、と考える心の表れである。

遠足課題の正答率（三四パーセント）は、サリーとアン課題の場合（五二パーセント）よりも低い（表5-1参照）。その主な理由は、子どもたちの回答に表れた、目的意識の強さにあると考えられる。つまり、動物たちを早く目的地の方へ導こうとする意識が働いたようである。だが、そこには他にも理由があるかもしれない。これについて考えるために、遠足課題の行動ラインを図式化してみた（図5-6）。

遠足という行事には、園を出て、徒歩で、あるいはバスなどを用いて目的地に向かうというわかりやすいスクリプトがある。だから、バスに乗り、目的地に向かうという部分は、このスクリプトの中の重要

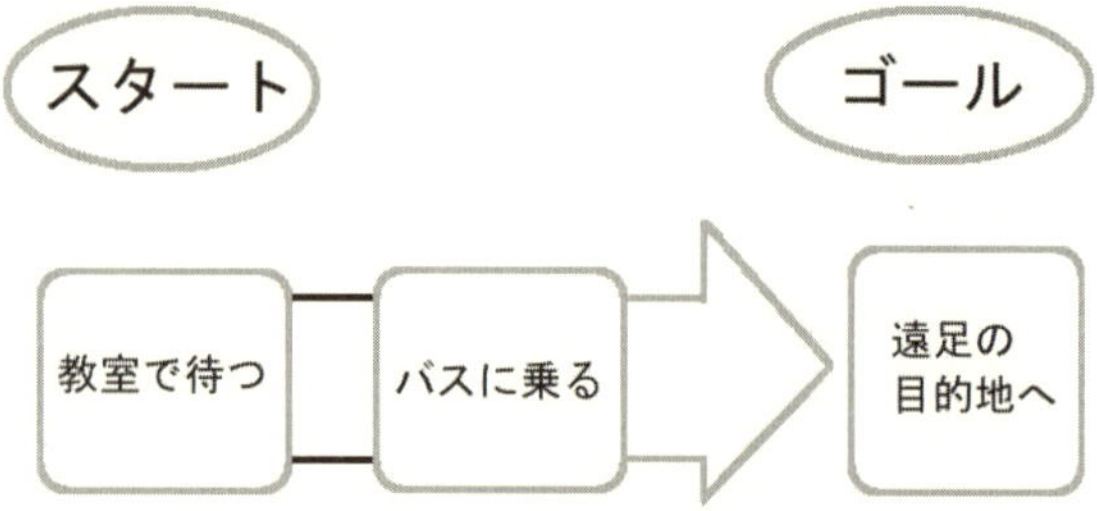

図５−６　遠足課題の行動ライン

部分である。一方、教室で待機するという部分は遠足スクリプトを構成する要素としては目立ちにくい。このことが、教室に戻る部分を軽視させ、バスに乗る部分を重視させ、結果として正答者を減らしたのではないかと思う。

皆に合流させたい気持ち

遠足課題では、このように、遅れたサルを皆に合流させたいという意識が働く。表５−８は、そのような意識が働いたと考えられる理由づけである。そして、この意識が「しかし、サルはまだ皆の動きを知らない」という事情を無視させ、結果として全員が誤答になっているのである。

ところで、先の検査では、子どもに「ボールで遊ぶためにどこを開けるかな？」と目的を示して質問している。これに対して、遠足課題では「サルはどこに入るかな？」と、「遠足に行くために」という目的は告げられていない。そして、表中に見られる理由づけでは、「そこに皆がいるから」という思いにもとづいてい

表5－8 「遠足課題」における皆に合流させたい気持ちの表れ

理由づけのことば	正答者数	誤答者数
みんな乗った（入った）から	0	11
友だちいるから	0	1
二匹入ってるから	0	1
乗ってるから	0	1

る。つまり、遠足課題では、遠足という目的のためだけでなく、メンバーを常に集団の中に置いておきたいという意識も働いているようである。

これまで何度も述べているように、三歳や四歳の子どもは、集団的な活動に合流していることを主要な学習課題としている。また、大人も、皆が合流できるように常に気を配っている。遠足は、特にこのような性質が強い活動であるといえるだろう。つまり、集団性バイアスが強い状況である。しかし、そのような中でも、全体の動きとは別に個々の動きに目を向ける子どもは徐々にふえてくる。それが、遠足課題に正答した子どもたちである、といえるだろう。

個の動きへの注目

では、遠足課題の正答者は、どのような理由づけをしているのだろうか？ それを表5－9にまとめてみた。

皆とは別の、個の動きへの気づきは、第一に、過去のある時点への注目によって生まれているようである（①②）。それは、サリーとアン課題での正答者の理由づけ（表5－2）にも通じる。ただし、この年代の

表5-9　「遠足課題」の正答者の理由づけ

理由づけのことば	正答者数
①　待ってたから	1
②　遅れたから	1
③　みんないるから	3
④　トイレあるから	1
⑤　いると思う（思った）から	3
⑥　みんないるかなと思って	1
⑦　わからないから	1

子どもは時間表現をまだうまく使えず、③の回答のように、時間を過去にスリップさせ、「みんないるから」と、その時点での現在で表して正答している者も三名いる。さらに、④のように、トイレに行ったことに注目することで、サルの動きを区別している例もある。

第二に、当人の心理への気づきが個の動きを区別して意識化するように仕向けている回答もあった（⑤⑥⑦）。これもサリーとアン課題の場合（表5-4）と同じである。

そして、この課題にも、自分たち（このテストでは、参加児と検査者とサル以外の動物）の視点に逆らって、第三者（サル）の視点をとるのがむずかしいことが表れている。だから表5-10に示されているように、選択に迷ったり、理由づけのことばが見つからなかったりしているのである。そして、選択反応も正誤双方に分散しており、判断のゆらぎを示す結果になっている。

以上の結果から、遠足課題は、強固なスクリプトにもとづく

表5-10 「遠足課題」における選択の迷いと理由づけの困難

反 応	正答者数	誤答者数
選択前に迷う	0	1
訂正する	1	0
「わからない」	2	2
沈黙する	3	5

目的意識や合流志向を強める設定であるためサリーとアン課題よりも誤反応が多くなったが、自分たちとは別個のスクリプトを見出すという、根底にある課題のしくみは同じであると考えられる。「心の理論」テストは、これまで、サリーとアン課題のように、ある一個人の前で、ある事物に突然変更が生じる、というパターンで多くのヴァリエーションが作られてきた。しかし、この方法だと、「心の理論」の達成を個人のレベルでだけイメージしやすく、その背後にある集団の問題が見えにくくなる。今回提案したのもひとつの方法にすぎないが、「心の理論」の形成を探るには、これまでの方法に縛られず、もっと新たな方法を見つけ出していくことが必要だと思うのである。

6章　子どもが途中経過に注目し始めるとき

◥中継点に注目する必要

前章では、年中組の園児たち（四〜五歳）にサリーとアン課題と遠足課題を適用し、選択の理由づけから子どもたちに次のような意識が働いていることを確認した。

第一に、子どもたちは、皆が共有するゴールへと、ターゲットとなっている人物の行動を向かわせようとする傾向がある。この観点が、私たちでない、第三者の行動経過を無視させることになり、誤答へと導くことになると考えられる。また、遠足課題で誤答が比較的多くなったのは、遠足という行事の、目的地をもつわかりやすいスクリプトがゴール意識を高めたためと考えられる。

第二に、このような、人物をゴールへと急がせる傾向から抜け出すためには、その前にある中継点に注目する必要がある。そして、中継点への気づきは、時間経過を含む、より高いレベルのスクリプトの形成につながると考えられる。

そこで、このような考えにもとづき、先のテストを修正することにした。

サリーとアン課題の修正版

サリーとアン課題のむずかしさは、カゴと箱の位置が近く、この空間的な距離の近さが出来事の時間経過に目を向けにくくさせているところにあると考えられる。また、カゴも箱も容器という同じ機能をもつので区別しにくいところがある。だから、前章で述べたように、カゴはサリーに属し（今回のテストでは青い箱はクマに属し）、いったんそこに戻るというイメージが作られると、課題に正答しやすくなっていたのである。

そこで、サリーとアン課題の修正版では、ウサギがボールを運ぶ先を目の前の箱でなく、少し離れたところにある自分の家とし、箱から取り出されたボールの位置が、戻ってきた後のクマの行動につながりにくくした。課題では、図6－1のような検査道具を用いて、実演しながら次のような説明をすることにした。

ここにクマさんとウサギさんがいます。クマさんは、部屋の中でボールで遊んでいました。

しばらくしてクマさんは、ボールを青い箱にしまって部屋を出ていきました。クマさんがいないあいだに、ウサギさんがボールを箱から取り出して遊び、そのまま、ボールを自分の家に持ち帰ってしまいました。

そのあと、クマさんが部屋に戻ってきていいました。「また、さっきのボールで遊ぼう！」……さて、クマさんはボールで遊ぶためにどこを開けるでしょうか？

この課題では、元の場所に戻ってきたクマが、さらにウサギの家に向かわなければ、ボールで遊ぶというゴールに到達できない。つまり、その先のハードルを高くすることによって、中

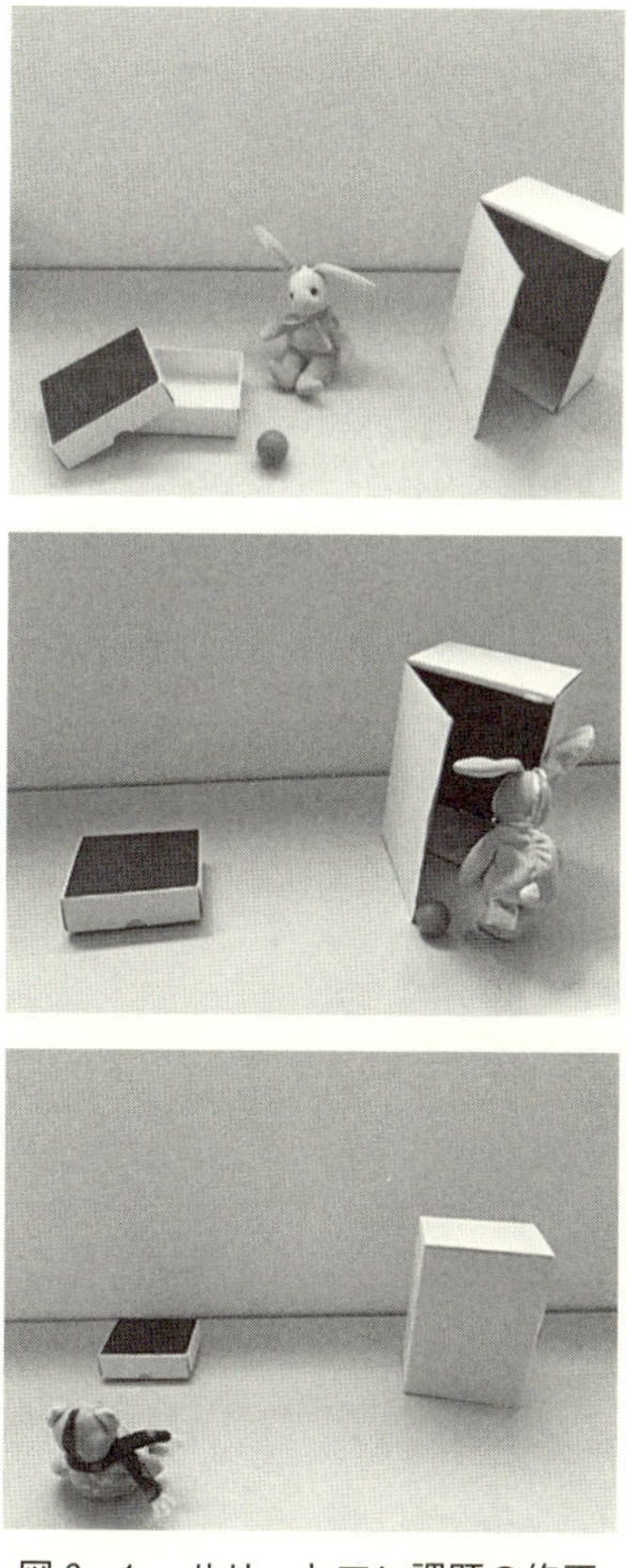

図６－１　サリーとアン課題の修正版（クマがいったん去ったたあとの展開）

継点に戻る行為への注目を促す設定になっている。

◥遠足課題の修正版

一方、遠足課題では、次のような考えにもとづき修正をほどこした。

この課題では、皆が遠足に行くというゴールに向かうため、バスに乗り遅れまいとする意識が働きやすい。そのため、教室で待つという中継点の方は無視されやすくなる。そこで、そこに、ただ待つだけの場所というのでなく、もうひとつ別の手続きを加えることにした。それは、バスに乗る前にリュックを背負うという手続きであり、サルはリュックを教室に残してトイレに行くのである（図6－2）。この課題では、前章の遠足課題での子どもへの説明（83ページ）の③のところを次のように変更して、実演したのである。

③サルがトイレに行っているあいだにパンダとコアラはリュックを背負って先にバスに乗ってしまいました。サルのリュックは残ったままです。

実は、このような手続きは、園生活も含め、日常生活には非常に多い。たとえば、園児が登園すれば玄関で靴を脱ぎ、下駄箱に入れ、上履きに履き替える。次に教室に入れば、所定の場所にカバンを置く。そして帰りには、これと逆の過程をたどるのである。つまり、一連の行為の中継点には、行動を先に進めるために欠かせない物とその置き場があることが多い。また、子どもは、このような経験を繰り返す中で、多くの中継点のある出来事のしくみ、別のことばでいえば、メイン・スクリプトの中のサブ・スクリプトを身につけていくと考えられるのである。

このような見方をするなら、サリーとアン課題でも、サリーにとってカゴはビー玉の置き場所であり、もう一度そこで遊ぶための中継点である。しかし、そのすぐ横に同等の役割を果たす箱があり、しかも現にその中にビー玉が入っているので中継点がすり替わってしまいやすい

図6-2　遠足課題の修正版

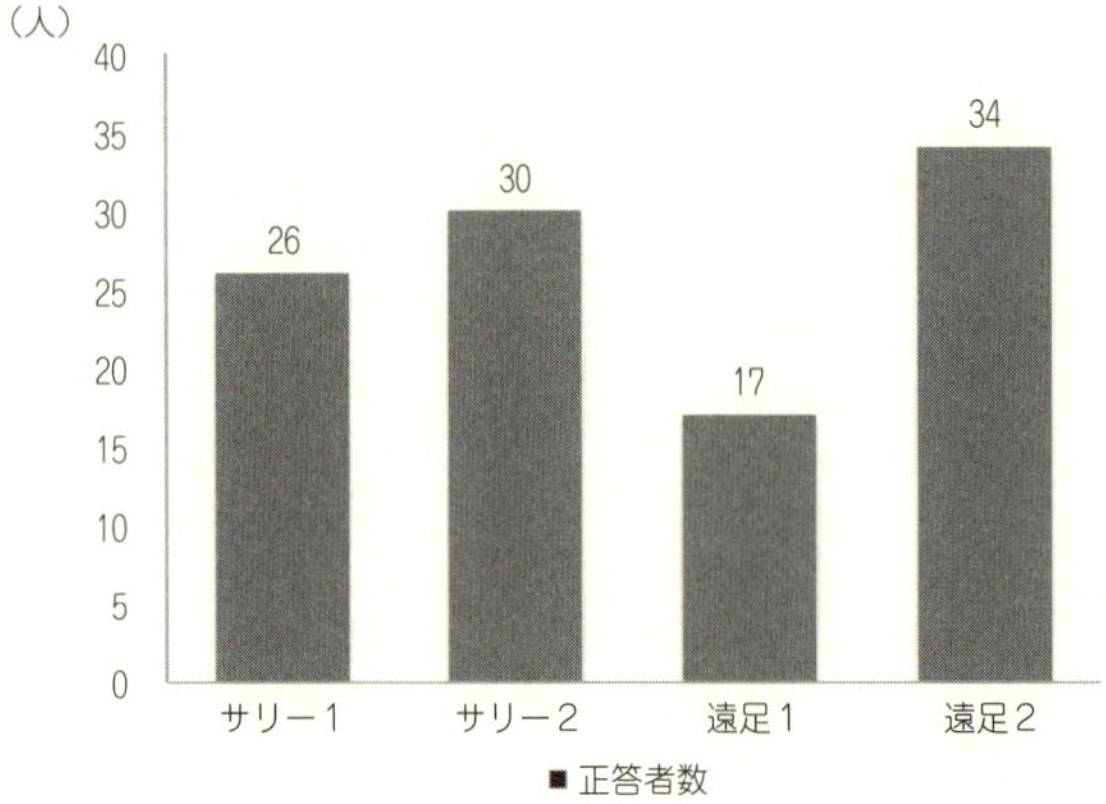

図6－3　4～5歳児群における4課題の正答者数の比較

のである。

修正課題を四～五歳児に当てはめてみると

それでは、これら二つの修正課題を先ほどと同じ四～五歳児に当てはめてみると、前課題と比べ、どのような結果になるだろうか？　なお、修正課題は、前課題が終わった後、実験材料を子どもの前で整えながら、「じゃ、もう一回やるよ」「今度はウサギさんの家が出てきたよ」「今度は、お部屋にみんなのリュックがあるよ」と変更点をあらかじめ伝えたうえで実行した。また、課題終了後に正答を示すようなかかわりは、どの課題でも、いっさいおこなっていない。

サリーとアン課題の修正前と修正後を「サリーとアン課題1」、「サリーとアン課題2」、遠足課題の修正前と修正後を「遠足課題1」、「遠足課題2」と

表6-1　サリーとアン課題1・2の正答・誤答の対応関係（人数）

	サリー1　正答	サリー1　誤答	計
サリー2　正答	23	7	30
サリー2　誤答	3	17	20
計	26	24	50

表6-2　遠足課題1・2の正答・誤答の対応関係（人数）

	遠足1　正答	遠足1　誤答	計
遠足2　正答	13	21	34
遠足2　誤答	4	12	16
計	17	33	50

して全四課題の正答数をグラフで表すと図6-3のようになった。

図を見てわかるように、両課題とも修正課題の方が正答数がふえている。しかし、サリーとアン課題2を遠足課題2と比べると、修正による正答数の増加はあまり大きくなかった。

この結果をもっと詳しく見るために、課題間の関係を表してみたのが表6-1と表6-2である。表6-1を見ると、サリーとアンの両課題は、ともに正答か、ともに誤答である者の数が多い。そして、サリーとアン課題1で誤答していたのに2になって正答になった者が七名いる一方で、1で正答だったにもかかわらず2で誤答となった者が三名いる。次に表6-2を見ると、遠足課題1で誤答していても遠足課題2になると正答となる者が非常に多くなっているが、1の正答者のうち、2で誤答になった者

表6－3　「サリーとアン課題2」における強い目的意識の表れ

理由づけのことば	正答者数	誤答者数
遊べない	0	2
取ったから	0	3
返してほしい	0	1
ちょっとだけ見えたから	0	1
青い箱しかないから	1	0

もわずかだがいる。

目的意識が強まった場合

それでは、子どもたちは、以上の選択についてどのような理由づけをしているのだろうか？　まず、サリーとアン課題の修正課題で正答にならず、ウサギの家の方を選んでしまった者の理由づけから見ていくことにしよう（表6－3）。

このような回答者に見られたのは、ボールで遊ぼうとする強い目的意識である。この場合は、ボールの移動先をウサギの家という、やや離れた場所所に変更したことが、かえって目的意識を強めてしまった感がある。ボールの在りかが離れてしまったことが、そのままでは遊べないから取られたものを取り返したいという意識を呼び覚ましたようである。そして、この目的意識をかなえるために「ちょっとだけ見えたから」という回答に見られるように、実際にはない場面を入れてしまう場合もある。しかし、一方、ボールはもう手の届きにくい別の場所に行ってしまったから近くの残された箱の中を探るしかない、と発

表6－4　「サリーとアン課題2」におけるボールの在りかに注目した理由づけ

理由づけのことば	正答者数	誤答者数
ボール入ってるから	0	1
ボールあるから	0	3
ない（なかった）から	2	1
あると思うから	3	0

想する場合もある。それが「青い箱しかない」という回答であり、この中では唯一の正答となっている。

これらの回答の中には、サリーとアン課題1では正答しているにもかかわらずサリーとアン課題2では誤答になっている者が三名いる（表6－1）。サリーとアン課題1では、青い箱であっても赤い箱であっても、箱からボールを取り出してそこで遊ぶ、という点では同じである。しかし、ボールがウサギの家に移されたことで、ボールで遊ぶにはウサギのところまで行かなければならない、という新たな目的意識が生まれたようである。また、ウサギの家の中にはウサギという交渉相手がいることも、クマをそこに向かわせようとする気持ちを高めた可能性がある。

◥修正課題でも変わらなかった部分

なお、修正版でも元の課題と変わらず現れた反応が多くあった。それは、ウサギの家が置かれたことで、ボールの在りかについて空間的な距離ができたが、課題の基本構造は変わらなかったからだろう。

第一に、表6－4に見られるように、前回と同様に、ボールがいまウ

表6-5　「サリーとアン課題2」における所属にもとづく理由づけ

理由づけのことば	正答者数	誤答者数
クマさん青いから	1	0
男だから青	1	0
（クマの）おうちだから	1	0
ウサギ家に帰った	1	0

表6-6　「サリーとアン課題2」における選択や理由づけに表れた迷い

反　応	正答者数	誤答者数
長考後に選択	3	1
選択に迷う	0	1
「わからない」	1	1
「むずかしい」	1	0
沈黙（押し黙る）	1	1

サギの家に入っている（ある）からそこを開ける、とする者が四名おり、誤答になっている。つまり、人物の心理や行動よりは目的達成を第一にしている。ただし、「（ボールが青い箱に）ない（なかった）から」と回答する者が三名おり、うち二人が正答に、一人が誤答になっている。「ない」ことに注目できるのは、先に青い箱を開け、空であることに気づくクマの心理を読んでいるともいえる。だから、二名はそのときの行動にもとづき青い箱を選んだが、他の一名は次に開けるウサギの家の方を選び、誤答になったと考えられる。

一方、開ける前の心理を読んで「あると思うから」と答え、正答している者が三名いる。ここに至ると、完全に「心の理論」が成立しているといえるのである。

表6-7　「サリーとアン課題2」における時を表す理由づけ

理由づけのことば	正答者数	誤答者数
入れたから	6	1
さっきあったから	2	0
先に入れたから	1	0
最初に入れたから	2	0
ウサギさん持って帰った	0	1

また、青い箱をクマへの所属物とする答えがあるところ（表6-5）や、ボールを手に入れる共有シナリオとクマに固有のシナリオのあいだで揺れる反応があるところ（表6-6）も、もとのテストの場合と同様である。

出来事の後先に注目することの重要性

ところで、もとの課題と同様に、多数の正答者が理由づけのために用いているのは時間に関することばである（表6-7）。過去形や時を示す副詞（さっき・先に・最初に）を用いてクマの行動の中継点に視点を合わせ、その多くは正答している。ただし、二名は、同じ過去でも、ウサギが自分の家の中にボールを入れたという、より近い過去の方に注目して誤答している。このように、二つの過去を調整できていない反応があるのも前回と同じである。

出来事の後先に注目することは、「心の理論」を形成するうえでも、また、この時期の子どもの認識や行動を発達させるうえでも重要である。過去の出来事を時間経過に従って順序づけることで、それらをより大きな出来事の中に位置づけ、メイン・スクリプトの中にサブ・スクリプトを作ることを可能にしているからである。

「心の理論」を形成するうえで出来事の後先を表すことばに注目するのが重要なことは、過去の実験研究の中でも示されている。シーガルとビーティ（Siegal & Beattie 1991）は、三歳児と四歳児にマキシーとチョコレート課題を適用する際に、次のような工夫をほどこした。そこでは、半数の子どもには従来どおりにこのテストを適用し、あとの半数には質問するときに、「一番最初にどこを開けますか？」という聞き方をしたのである。すると、通常の質問の仕方では三五パーセントほどの正答率だったのが、七〇パーセントほどの正答率へと高まったのだった。

つまり、誤答した子どもたちの中にも、マキシーが二つの箱を順に開けていったことはイメージできている者が多く含まれていたのである。しかし、検査者に問われると、最終ゴールに結びつく、現にチョコレートの入っている箱の方を選んでしまうのである。しかし、「一番最初に」ということばを添えられると、箱を開ける二つの行為のうち、マキシーが戻ってきた時点に対応する方の行為を選び取ることができるのである。

ところで、これと関連して注目されるのは、今回のテストで表6－4の理由づけの中にあったように、ボールが「ない」または「なかった」ことを述べた者が三名いたことである。この

表6－8　「遠足課題2」におけるリュックへの言及

理由づけのことば	正答者数	誤答者数
リュック（カバン）ある（あった）から	10	0
まだお弁当あるから	1	0
リュック背負うから	1	0
リュック忘れてるから	3	0
泥棒に取られちゃう！	1	0

子どもたちはなぜ、わざわざ「ない」ことに注目したのだろうか？　それは、青い箱を開けてもボールが「ない」のを発見するから、次に「ある」方のウサギの家を開けることを暗に示しているのではないかと思う。結果として、「ない」ことになる青い箱を選んだ者が二名、「ない」から次に開けるウサギの家の方を選ぶ者一名と分かれている。しかし、二つの行為の後先に気づき始めているという点では、「最初に」や「先に」ということばを用いた子どもと同じ認識の水準にあるといえるだろう。

遠足課題の修正版にはどう反応したか？

では次に、遠足課題の修正版には、子どもたちはどのように反応したのだろうか？

第一に、教室にリュックが残されていたことは、中継点を意識するうえでやはり大きな効果があったようである。表6－8に見られるように、リュックがあることに言及した者が一六名いる。そして全員が教室に入る方を選び、正答している。うち一一名はリュックを用いな

表6－9　「遠足課題2」における経過や心理についての説明例

理由づけのことば	正答者数	誤答者数
違うところにいて遅れた	1	0
お部屋に行ってからバスに乗る	1	0
バスの中に皆が隠れてる	1	0
みんな待ってると思って	1	0
まだいるかなァ	1	0
わからないから	1	0

かった前課題では誤答しているので、この修正課題によって大きく理解が進んだようである。

この結果は、単純に、リュックがあるという物理的な状況の変化によって生じたとはいえない。表中の、他の回答者の場合では、「まだ」弁当があることや、リュックを「忘れてる」ことなど、出来事の経過を表すことばが現れている。また、リュックを背負うという、途中に入る行為について述べる者や、忘れると「泥棒に取られちゃう」と発想する者もいるのである。

第二に、この課題では、表6－9に見られるように、さまざまな言い表し方で、バスに直行できない事情が語られている。中でも上から三番目の説明では、「隠れてる」ということばによって、サルがバスの中の仲間に気づけない状況が述べられていて興味深い。そして、このように、サルが他のメンバーと同じようには行動できない理由が述べられることによって全員が正答しているのである。

またここで、もうひとつ注目すべきことは、一人の回答者が「……と思って」と心理を表すことばを使っていることである。ま

表 6-10 「遠足課題 2」における皆に合流させたい気持ちの表れ

理由づけのことば	正答者数	誤答者数
遠足行くから	0	3
お出かけにいくから	0	1
ピクニックだから	0	1
急いでバスに乗る	0	1
みんないるから	2	2

表 6-11 「遠足課題 2」における選択の迷いと理由づけの困難

反　応	正答者数	誤答者数
選択の訂正	2	0
沈黙	4	4
「わからない」	0	2

た、その下の「まだいるかなァ」という独白的なことばや「わからないから」という説明も、当人の心理状態を表しているといえる。そして、その心理の内容は、皆がまだ教室にいる、とか、皆が先に進んでいることに気づかない、という、スクリプトの進行状態についてのサルの思いを示すものになっている。だから、ここで、思いとは、スクリプトの進行状態についての当人の確認作業になっているといえるのである。

人は行動を進めながらも、その進行状態を絶えずチェックしている。このチェック作業を自分だけでなく、他の人もしていることに気づくようになるのが「心の理論」の段階といえるかもしれない。そして、このチェック作業を可能にしているのが、行動の進行リスト、つまり、スクリプトであるといえるのである。

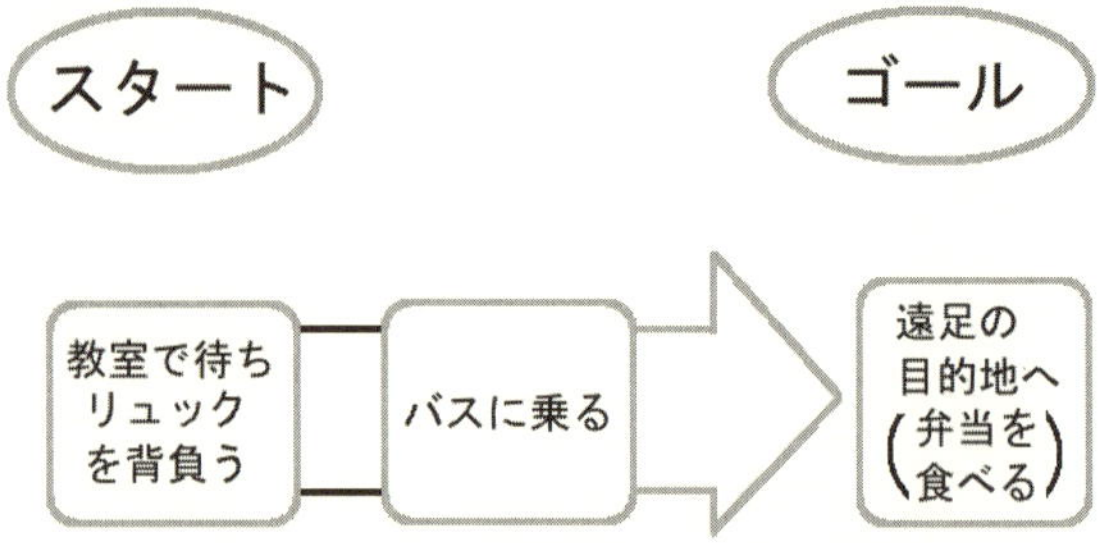

図6－4　遠足課題の修正版の行動経過

なお、前課題と同様に、皆に合流させたい気持ち（表6－10。表中「みんないるから」の二名の正答者は、遠足課題1のときと同様、教室にいることを示している）や迷いを示す反応（表6－11）は現れていたが、その数は減少していた。中継点を意識させる設定となったことが、このような変化を生んだと考えられる。また、修正課題で導入された中継点は遠足スクリプトの中でも特に重要な構成要素となっていたことも正答数を増加させたと考えられる。図6－4に示したように、リュックを持っていくということは遠足という行事には欠かせない行為である。また、それは、表6－8の中の理由づけの中に表れていたように、リュックの中の弁当を持っていくことでもある。そして、目的地で弁当を食べるという行為がこれに対応してくる。だから、前課題の、教室でただ待機するという行為と比べ、リュックを持って待機するというのは、遠足スクリプトの重要な中継点であり、その場を離れたサルにも、忘れずそこをたどらせたくなるのである。

遠足課題の修正版でリュックを取り入れたことは、物への注目を利用することで課題のレベルを過度に引き下げる働きをしているように受け取られるかもしれない。しかし、私たちは常日頃、行動の進行を、物への働きかけの進み具合によってチェックしている。出かけるときは、持ち物を次々に用意し、寝るときは、戸締まりをし、電気を次々に消していく。つまり、スクリプト進行の要所要所には物が配置されている。それらに目を向け、それらへのかかわりを順序づけているのがスクリプトであり、また、その進行状態を絶えず確認しているのが人の「心」であるといえるのである。

「心の理論」テストは、スクリプトをゴールへと進めたくなる子どもたちの心理を利用することによって、登場人物のスクリプトと、その行動を見守る自分たちのスクリプトを区別するという、まだ十分に確立していない心の働きに揺さぶりをかけている。しかし、スクリプトの細部が見えやすくなるように補助していけば、「心の理論」の萌芽は見えてくるのである。

7章　自閉症児は「心の理論」テストにどう反応したか？

強いゴール意識

ところで、以上述べてきた、「心の理論」に関する四種の検査は、四～五歳の幼児だけでなく、自閉症児にも適用している。1章で述べたように、自閉症とは、「心の理論」の形成に遅れが見られることを特徴とする障害である。では、彼らはこれらのテストにどのように反応したのだろうか？　また、今回作成したテストで、四～五歳児とは異なる反応をしたのだろうか？

テストを実施したのは、特別支援学校に通う、七歳から一八歳までの自閉症児、一七名（男児一五名、女児二名）である。特別支援学校には、言語が乏しく、テストを受けることがむずかしい自閉症児も多く在籍しているが、今回、テストを受けたのは、すでに一定のコミュニケ

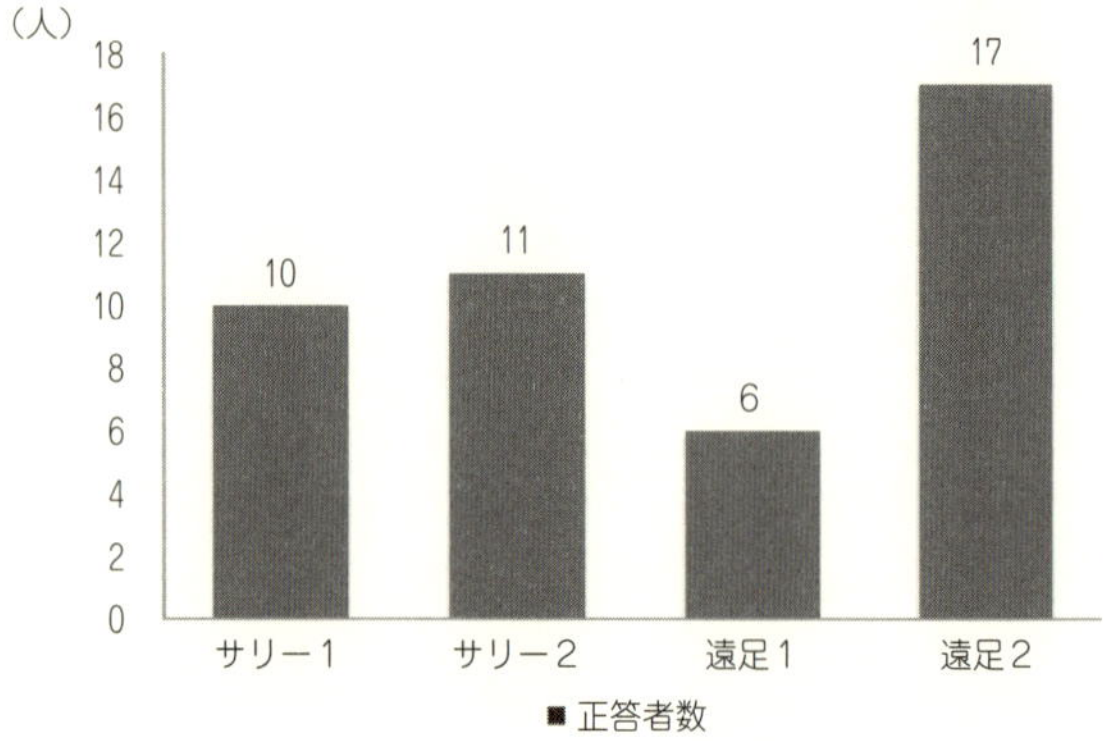

図７－１　自閉症児群における４課題の正答者数の比較

ーション能力を備えた生徒たちである。その意味では、3章で述べてきたような、私－あなたのあいだでの広義の「心の理論」はある程度、形成されていると見なすことができるだろう。

まず、四種のテストの正答者数を比べてみると、図7－1のようになっている。全体的な形は四～五歳児の場合に似ているが、その特徴がより強く現れているといえるだろう。つまり、遠足課題1では正答率が下がり、遠足課題2になるとリュックを残した効果がより強く現れ、全員が正答している。また、サリーとアン課題1からサリーとアン課題2にかけてあまり上昇が見られない。これは、四～五歳児にも見られたゴール意識の現れであり、しかもより強く現れているといえるだろう。

以上のことを、表7－1と表7－2で、課題間の関係を見ることでもう少し詳しく探ってみよう。四～五歳児ではサリーとアン課題1で正答した者の半数以下しか遠

表7－1　自閉症児群における課題間の正誤（人数）の対応（その1）

	サリー1　正答	サリー1　誤答	計
遠足1　正答	4	2	6
遠足1　誤答	6	5	11
計	10	7	17

表7－2　自閉症児群における課題間の正誤（人数）の対応（その2）

	サリー1　正答	サリー1　誤答	計
サリー2　正答	7	4	11
サリー2　誤答	3	3	6
計	10	7	17

足課題1で誤答しなかった（表5－1参照）が、自閉症児では表7－1に見られるように、半数以上が誤答している。また、四～五歳児ではサリーとアン課題1で正答した者のうちわずかしかサリーとアン課題2で誤答しなかった（表6－1参照）が、表7－2に見られるように、自閉症児では高い比率で誤答しているのである。つまり、バスに向かう意識やボールを求めてウサギの家に向かう意識が強く表れているといえるのである。

自閉症児はどう理由づけたか？

序章で述べたように、自閉症者はかつてバロン＝コーエンによって「心の理論」が欠如している、とされた人々である。しかし、その後の研究で、自閉症者も成長の中で遅れながらも「心の理論」を形成するようになることが明らかになった。今回の研究でも、自閉症児の中に「心の理論」テストに正答する者が多くいた。しかも、全四問に正答した者が一七名中四名もいたのである。では、これらの自閉症児は、自分の判断をどのように理由づけていたのだろうか？

だが、これについては先行する研究（別府・野村 二〇〇五）があるので、まず、それを紹介してから、今回得られた理由づけの分析に入っていくことにしよう。別府らの研究では、サリーとアン課題に正答した、三〜六歳の通常の子ども（二三名）と高機能自閉症児（言語理解指数七〇以上。二一名）の理由づけを比較している。そこで観察されたのは、通常児では、ことばで明確な理由づけができず、直感的（別府らによる記述）に判断していた者が半数ほどだったのに対して、高機能自閉症児では全員が明確なことばで理由づけをしていた、というものである。

ただし、そこでは、直感的な判断や明確な理由づけがどのようなものだったのか、詳しい記述がないため実態をつかみにくい。そこで、今回の実験について、自閉症児による理由づけを、四〜五歳の幼児に対してしたのと同じように具体例を挙げながら分析してみることにする。

表7－3は、自閉症児のうち全四問正答の者の理由づけのことばを、そのまま文字にしたものである。そのうち、A、B、Cの三名の理由づけを見て気づくのは、「さっきまで」「置いたまま」「あるかも」「一番、二番」「もどる」「かもしれない」「片づけた」「たぶん」など、四〜

表7-3　全問正答自閉症児の各回答への理由づけ

	サリーとアン1	サリーとアン2	遠足課題1	遠足課題2
A児 (17:5)*	えーと、うーん、中に入れたから	完全に盗まれたとは思わないでしょう	ま、教室でさっきまで皆いたから	リュックを置いたままだったから
B児 (16:1)	自分の机にあるかも	一番、机。二番、ウサギの家に行くかな	トイレに入るときは自分の家にもどるかもしれない	自分のリュック忘れてるから
C児 (11:6)	クマさんが青い箱に片づけたからたぶん青い箱をあけると思う	ボールここにないから、ウサギの家に入ってボール取りに行く	だって、みんなが待っていると思うから	最初はこっちで、リュックをしょってからバスに乗る
D児 (7:11)	ボールが入ってるから	ボールがあるから	手を洗う	リュックサック

＊17: 5は17歳5か月を表す

五歳の幼児には見られなかったことばが使われていることである。年齢を見ると、これらの自閉症児は皆一〇歳以上であり、生活経験の多さが語彙能力を高めた可能性がある。先行研究（別府・野村二〇〇五）で、自閉症児の理由づけが明確だったのは、生活経験の中で獲得された語彙が多く表れていたためと考えられる。

ただし、自閉症児の中にもDの例のように、ことばが少ない場合がある。そして、これは最年少の七歳の例である。自閉症でも年齢が低ければ、豊富な語彙は現れにくいと考えられるのである。

また、Dの例では、「入ってるから」「あるから」と、過去形で表すべきところを現在形にしている。これは四～五歳の幼児にも何度か見られたものである（表5－9、表6－10）。つまり、自閉症児でも、この例のように比較的年少（七歳）だと、幼児と同じような理由づけが現れやすいと考えられるのである。

このように、自閉症に特有な理由づけに見えるものも生活年齢の高さによる語彙や経験の豊富さによるところが大きいと考えられる。生活の中でいろいろな出来事を経験する中で、出来事の展開にそった各種のことばを覚え、使用するようになったと考えられるのである。ただし、Bの理由づけにあるように、確信にもとづく判断のはずなのに「あるかも」「もどるかも」と、「かも」を多用している例がある。また、Aの「完全に盗まれたとは思わないでしょう」という理由づけは、テストが設定する範囲を超えて想像を巡らせているように受け取られる。つまり、これらはことばが一人歩きしている例であり、この点では、別府らによる先行研究で、自閉症児の回答では直感よりも言語にもとづいていたとする見解に通じ、さらに言語が生みだす連想にひきずられている様子が見られるのである。

ただし、全般的には、自閉症児にも四～五歳の幼児と同様の理由づけが見られた。心を表す「思う」を用いた者は七名、時間を表す「最初」や「さっき」を用いた者は五名おり、ほとんどが正答していた。また、「クマが青いから」と、所属性にもとづき青い箱を選択した者も一名いたのである。

表7-4　自閉症児と4〜5歳児に表れた迷い*

	自閉症児（n=17）			計	4〜5歳児（n=50）			計
	○	○×	×		○	○×	×	
長考の後に選択	0	0	0	0	6	0	3	9
訂　正	2	0	0	2	7	0	1	8

＊　○は正答者数、×は誤答者数、○×は正誤混在者数

◥迷いを示さない速い選択

では、自閉症児の反応の中で四〜五歳児と最も違うものは何だったのだろうか？　それは、迷いの見られない、速い答えの出し方であると考えられる。

表7-4は、今回のすべてのテストについて、回答のときに迷いを示した子どもの数を自閉症児と四〜五歳児に分けて示したものである。迷いは「長考」と「訂正」という形で表れた。「長考」とは、「どっちを開けると思う？」あるいは「どこに入ると思う？」と問われた後、回答までに三秒以上かかった例である。そして、○は、長考や訂正をした後に答えがすべて正しかった場合、○×は複数のテストで正誤が混在していた場合、×はすべて誤答の場合で、それぞれについて当てはまる子どもの数を示している。

結果を見ると、四〜五歳児では長考も訂正も多かったのに対して、自閉症児では長考は皆無であり、訂正も二名のみだった。これは、四〜五歳児と比べ自閉症症児の人数が三分の一ほどだったことを考えても少ない。自閉症児の選択は非常に速く、訂正した二名も、訂正の仕方は迷い

表7－5　自閉症児と4～5歳児で理由をいえなかった者の人数*

	自閉症児（n=17） ○	○×	×	計	4～5歳児（n=50） ○	○×	×	計
「わからない」	0	0	0	0	2	2	4	8
「むずかしい」	0	0	0	0	2	0	1	3
沈　黙	1	0	1	2	3	2	2	7

＊　○は正答者数、×は誤答者数、○×は正誤混在者数

を示さず速かった。一方、四～五歳児は、問われた場所をじっと見比べたり、まわりにキョロキョロと目をやったりと、決断までに時間をかける例が多かったのである。

また、四～五歳児のこの自信のなさは、「どうしてそこだと思う？」と聞かれたときの反応にも強く表れていた。表7－5は、理由をいえなかった者の人数を各グループに分けて示したものである。四～五歳児には「わからない」「むずかしい」と答えた者がかなりいたが、自閉症児では皆無である。また、答えられず無言の者が四～五歳児では計七名いたが、自閉症児では二名である。また、この場合も、両者の反応には大きな違いがあった。四～五歳児では、黙ったままキョロキョロあたりを見回したり、うつむいて固まってしまう場合がほとんどだったが、自閉症児の二名の場合は、検査者の問いを無視するかのように無反応だったのである。

迷いはなぜ生じるのか？

では、なぜ、四～五歳児には迷いを示す者が多く現れ、自閉症児に

はほとんど現れないのだろうか？

もちろん、自閉症児だけでなく四～五歳児にも、迷いを示さず即答する者は多くいる。しかし、その場合は、課題の意味をよく理解しているか、あるいは逆に誤解しているから、迷いなく一つを選んでいたと考えられるのである。

では、そもそも、迷うとはどういうことだろうか？　そして、通常の子どもは、なぜ多く迷い、自閉症児は迷うことが少ないのだろうか？

迷うとは、二つ、あるいはそれ以上の選択肢があり、その中の一つを選びきれない状態である。仮に選択肢をA、Bとすると、迷いには図7-2のような三つのケースが考えられる。

第一に、選択する当人（私）だけが選択肢、A、Bに向かう場合、第二に、選択肢の向こうに、それらを提示してくる人（あなた）がいる場合、第三に、選択するのは私でなく、直接交渉できない第三者（彼／彼女）であり、私やあなたは、はたからそれを見ている場合である。

このうち、「心の理論」テストが設定しているのは第三の場合である。しかし、子どもがどのような関係性にもとづいて選択に迷うか、というと、以上の三ケースが考えられるのである。
A、Bが未知の対象だったり、好き嫌いが生じる対象だと、判断には個人差が生まれてくる。しかし、今回のテストが設定しているのは、どちらに物または人が入っていると思うか、という、見ている者の記憶とそれにもとづく判断が正しければ答えが得られる状況である。では、

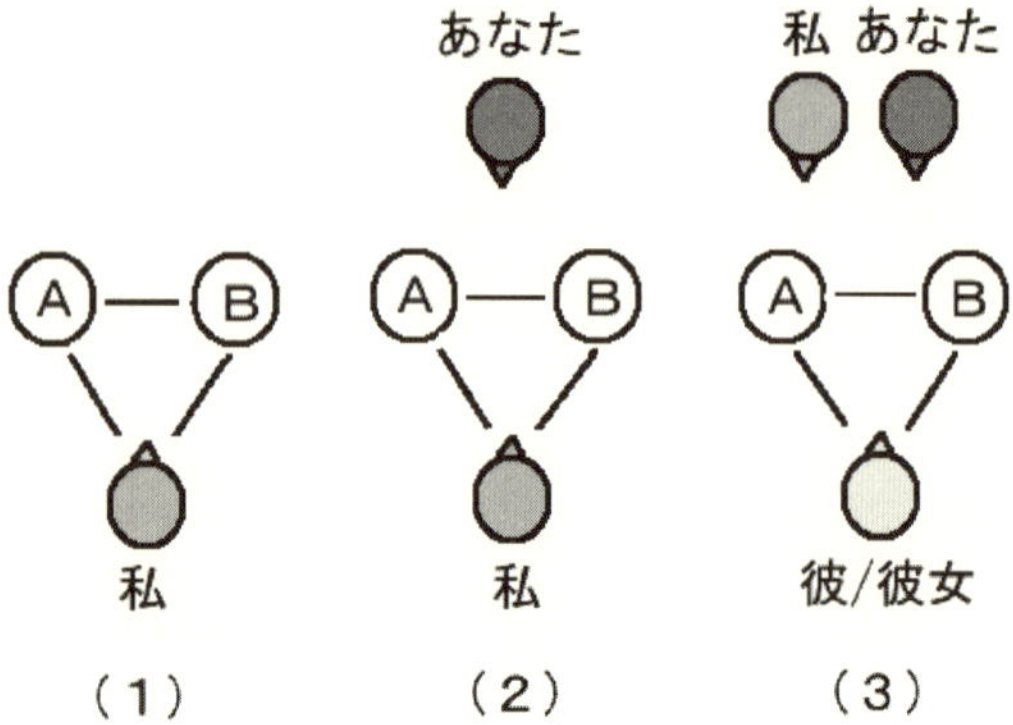

図7-2　迷いが生まれる3つのケース

それぞれの状況にはどのような違いがあるのだろうか？

（1）は比較的シンプルな状況である。この場合は、当人の認識だけにもとづいて行動すればいいから、記憶が確かなら迷わない状況である。他の人の判断は無視しているから「心の理論」を用いない判断といえる。今回のテストでは、迷わず誤答した者の多くが、このような関係性のもとで答えていたと考えられる。つまり、問われている人物をそのまま図中の「私」に当てはめ選択していたと考えられるのである。

（2）は、自分の判断と相手の判断を照合しようとしている状況である。子どもが大人から教えを受ける場合のほとんどがこの形であり、1章で述べたように、保育園や幼稚園の年少、年中の子どもの主な学習スタイルともなっているものである。そして、「心の理論」テストの場面は、検査者と子どもが目の前の出来事をともに見、共有している状況だから、お互いの共有認識にもとづき答えを出すのが自然な成り行きになる。その答えは「赤い箱にあるから、そこを開けるべき」または「皆がバスに乗ってるから、そこに入るべき」というものになる。ただし、この場合、答えは省略的に（そこに）「あるから」または「いるから」となることが多く、形のうえでは（1）の場合と同じになるのである。このケースでは、検査者の質問の中の「クマさんは」または「サルさんは」という部分が無視されている。物理的には聞こえていても、このように第三者の行動について問われる経験がまだほとんどないからである。

しかし、この関係性にもとづいている場合も、ここに入っていることはわかり切っているのに、先生はなぜこんな当たり前のことを聞いてくるのだろう?と感じる者は多いだろう。この戸惑いが、今回のテストに表れた多くの迷いである。そして、この迷いが（3）の関係性への気づきになることもあれば、ただの戸惑いで終わってしまうこともあるのである。

（3）の関係性が他と大きく違うところは、選択行動をするのは第三者（彼や彼女。今回のテストではクマとサル）であり、私やあなたはその判断に口出しができないところである。だから、第三者の選択を正しく導き出すには、その行動経過をしっかり思い出し、それにもとづき次の行動の方向を決定しなければならない。この、行動経過を思い出し、確かめるところで時間がかかり、迷いとして表れることはあるだろう。

◥シナリオによる支えの必要

しかし、このような取り違えや迷いが吹っ切れるのは、第三者の行動経路がはっきり見えるようになったときである。第三者は第一者や第二者から独立して行動している。第一者と第二者の関係では、お互いの知識を照らし合わすことで、足りないところは埋め合わせ、目の前で起きたことの全行程を確認することができる。このような知識確認は日常的によく行われていることである。しかし、第三者に対してはこれができない。知識が欠けていても、放っておくしかない。

このような状況を故意に作り出したのが「心の理論」のテスト場面である。子どもと検査者(記録者も)は、目の前の出来事を、順を追って、ともに見守ってきたので、現在の最終状態に関する認識にもとづいて判断を下せばよい。しかし、第三者(今回のテストではクマとサル)の場合は、自分たちとは違う経路をたどっている。だから、ビデオ機器にたとえるなら、巻き戻し再生のようなことをしないと、その経路と、それにもとづく次の行動を予想することができない。

だが、この巻き戻し再生は、私たち大人が考えるほど簡単ではない。私たちは、自分や人々がする行動について、すでに多くのシナリオをもっているから、それに合わせて各場面の映像を思い浮かべ、順序づけることができるのである。しかし、幼い子どもには、まだ編集されていないフィルムが残されているだけである。しかも、それはすでに起き、撮られたフィルムに限られている。これから起きる出来事については、まだ映像が編集されていない。それができるためには、2章の最後で述べたように、各場面にふさわしいスクリプトを選び出し、それに支えられた映像をつなげていく必要がある。

◤二つを同時に立てることがむずかしい

だが、自閉症者にとっては、このような作業はとりわけむずかしいようである。そのため「心の理論」が成り立ちにくくなっている。では、なぜ、それがむずかしいのか？

その理由のひとつは、二つの物事に同時に注目し、それらのあいだの違いや関係性を探ることがむずかしいところにある。自閉症の人々は感覚過敏があるため、刺激を受けると、その印象や、それにともなう反応が非常に強く残る傾向がある（熊谷 二〇一七など）。そのため、それらの経験で感覚がいっぱいになり、他は見落とされやすくなるのである。このような特性は、物事全般に及び、イメージや反応が固定化されやすくなる。

今回のテストについていえば、ボール（または、他の動物）が、いまここに入った、という直前のイメージが強く残ると、その前のイメージは現れにくくなる。また、ボールで遊ぶとか遠足に行くという目的意識が働くと、他の行動イメージは浮かびにくくなる。つまり、先に述べた、行動シナリオのあいだの照合がむずかしくなるのである。自閉症者には、この障害が初めて報告（Kanner 1943）されて以来、こだわりの強さが認められているが、それは、以上のような特性から生まれているものなのである。

だが、自閉症の人々の中にも、成長して、このような段階を乗り越えている者は、もちろん、多くいる。そして、このような場合には、物事はこのように進展する、という理屈がわかってくると、そのイメージが鮮明なだけに、迷いなく即座に反応することができるのである。

◥私－あなた関係の基礎の弱さ

ただし、自閉症者が第三者の行動シナリオを作りにくい理由は、以上述べてきたような感覚特性によるだけではない。第三者に対する関係性に入る前の、第二者との関係性、つまり、私－あなたの関係性がしっかりできていないからでもある。

人が自分以外の人物の心を初めて意識するようになるのは、第二者の心を意識するときである。それは、2章と3章で述べたように、共同注意が成立し、先に述べた第二の関係性（図7－2）の中で、相手の意図を意識するようになったときである。しかし、これまで何度か述べたように、自閉症者には、この段階を深めることがむずかしい。

人は直接かかわることができる第二者（あなた）とともに行動する中で、さまざまな行動のパターンを学習するようになる。そこでは、同じ目的のもとで行動を一致させることもあれば、違いに気づき、別のルートを歩むようになることもある。そのような中で、いろいろな行動ルート（スクリプト）を蓄え、やがてそれらを、直接かかわることのない第三者にも当てはめることができるようになるのである。

しかし、この段階での経験が乏しい自閉症児の場合は、結果として、スクリプトの蓄えが乏しいことになる。第三者にスクリプトを当てはめるということは、理屈のうえでも気持ちのうえでも、その人が置かれている状況がわかるということである。また、それは、その人が作る、もっと長い、スクリプトのつながり、つまり物語がわかってくるということでもある。

だが、これは、心の発達についての、もうひとつの大きなテーマである。次章であらためて述べていくことにしたい。

8章　第三者への共感はいつ生まれるのか？

◥「心の理論」にともなう共感性

この本では「心の理論」が成り立つためには、行動シナリオの形成が不可欠であることを述べ、実験結果を通してその実例を示してきた。人が行動する経路を知ることが「心の理論」を導き出すと考えたわけである。

ただし、「心の理論」が働く先は物ではなくて人である。だから、それは物のしくみを知るのとは別のものを含んでいるに違いない。それは人に対する人の認識であり、そこには同じ人に対する共感がともなうはずである。事実、「心の理論」が発達してくると、つらい経験をしている人に同情したり、物語の登場人物に感情移入するようになる。

だが、この段階に到達するのは簡単ではない。これまで何度も述べてきたように、いわゆる

「心の理論」とは、第三者の心についての認識を意味している。第三者とは、第二者（あなた）のように、その場を共有し、直接かかわることができない人物である。つまり、一体感を感じにくい場所におり、その意味では第二者に対するようには共感が生まれにくい。それが「心の理論」の成立が四～五歳となる理由であると考えられる。

では、このように遠い存在であるように見える第三者の心への気づきと共感はどのようにして生まれるのだろうか？　これは本書の核心となるテーマなので順を追って説明していくことにしたい。

◥動物は第三者の心を意識するだろうか？

この問題を考えるための入り口として、まず人以外の動物の場合について考えてみることにしよう。動物は、いま・ここで、直接かかわる相手とともに行動することを基本にしている。つまり、一、二人称的な関係の中で生きている。だから、直接交渉することのない個体について観察者になったり、その行動を予想しようとすることはない。

ただし、その動物が、捕食の対象となる異種の動物を発見したときは別である。その動物に、どのようにすれば気づかれずにすむか、また、気づかれたとき、その動物はどのように逃げ、どのように追跡すれば捕獲できるかをシミュレーションする。だから、このような場面では優れた観察者となる。だが、このとき、その動物は、獲物の心理を読みながら追跡しているわけではない。こうなったらこうする、という多くのプログラムが蓄えられていて、場面場面で、それを発動させ続けているのである。だから、心を意識しないから、同情を感じないで獲物を殺害できるのである。

このような関係は、同種の動物のあいだでも起きる。たとえば、オスがメスに求愛するとき、オスはどのようにメスに接近すればメスを得られるか、次々にシミュレーションし、プログラムを発動していく。そして、このようなプログラム発動を実行するのは、メスとのあいだで、オス・メスの、ある種、一、二人称的な関係を作るためである。

つまり、ヒト以外の動物も複雑な行動プログラムを保有している。しかし、それは、その時々の状況の中で発動するもので、状況から離れて、そのプログラムの内容を振り返ることはない。だから、狩りを終えたトラが、群れに戻ってから、その日の狩りについて振り返り、反省するということはない。また、求愛行動をしたオスが、その経験をあとで懐かしんだり悔やんだりすることはないのである。

ここが他の動物とヒトが違うところであり、また、ただのプログラムとスクリプトが違うところでもある。スクリプトは、具体的な状況から独立して、プログラムの内容を吟味できる。そして、さまざまな状況に際して、人は、多くのスクリプトから適切なものを選び、そこにいる人の行動に当てはめるのである。だからこそ、直接交渉のできない第三者が置かれた状況にもそれを当てはめ、その人の行動の先を読むとともに、心の中を理解することになる。このように、スクリプトの発達と「心の理論」とは連動しているのである。

◥集団に影響を与える第三者

だが、ある動物の個体が直接交流のないまま、比較的遠くにいる個体の影響を受けることはある。それは、動物が群れをなしている場合である。たとえば、羽を休めている大きな鳥の群れの中の一羽が危険を察知して飛び立つと、近辺にいた他の鳥から始まり、結局、大きな群れ全体が飛び立つことになる。また、ここでの恐怖や興奮はたちまち群れ全体に感染していくことになるだろう。

また、群れをなして飛ぶ鳥は、先頭の鳥と群れ全体がつくる飛行経路を常に意識しているだろう。動物の場合は、このような心理特性が一般に本能と呼ばれる行動プログラムとなって備わっているといえるだろう。

ただし、このような行動は、鳥の群れの場合ほど頻繁でないにしても、人間にも起きうるものである。たとえば、多くの観客を収容するホールで火災があったときに、ある人々が特定の出口に向かうと、その他多くの人々がそこに殺到することがある。いわゆる集団心理というものである。

しかし、これは特に見通しをもたない個人の行動が多くの人々を巻き込むケースである。他の多くの集団的な行動の場合には適切な見通しをもつ指導者がいる。このような状況は、1、2章で述べたように、幼稚園や保育園などに入園した頃から始まるものである。そして、そこでは、通常、指導者（一般に「先生」と呼ばれる）は、集団の各成員からは距離のある場所にいるが、必要に応じて近づき、私－あなたの関係になることができる。つまり、指導者であるとともに親に代わる役割を担っているのである。

第三者らしい第三者が生まれるとき

では、このような第二者的な第三者でなく、第三者らしい第三者は、いつどのようにして生まれるのだろうか？――それは、集団の中の遅延者・逸脱者に目を向けたときであると考えられる。

これまで何度も述べたように、集団行動の新規参入者は、遅れまい、道を逸れまい、と思いつつ行動する。だから、そのとき注目すべきは、指導者や模範となる行動を示す人たちである。そして、これらの人たちは、すぐそばにはいなくても、見本となり、一体化したい存在である。一方、遅延者や逸脱者は集団についていこうとする限りでは参考にならない、無視してもよい存在である。だから、このように皆で一本の道を進む中では自分たちと異なる道程をたどる遅延者や逸脱者の心は見えてこない。遅延者は、その道程にある各ポイントの通過時間が他のメンバーと異なってくる。また、逸脱者は、道程のどこかで皆と異なる他のルートをつくってしまう。そこで、これらの人物の行動を見つめ、その動きを予想するには、メンバー全体が共有するのとは別の行動経路、つまり別のシナリオに気づくことが必要になるのである。

◥遅延者・逸脱者としてのサリーの存在

以上のような視点を踏まえたうえで、「心の理論」テストの代表格となっている、サリーとアン課題のしくみを捉え直してみることにしたい。

この課題では、ビー玉の場所と、それにかかわる人物とが変わっていく、という出来事の流れがあり、その過程はテストを受ける子どもだけでなく、検査者、記録者、登場人物であるアンが共通して認識するルートとなっている。これに対してサリーは、その場を離れた時点で「逸脱者」となり、カゴにビー玉を入れた時点から先に進んでいないという点で「遅延者」である。だからサリーは、皆と異なるルートをとる第三者としての条件をしっかり備えており、そのため「心の理論」テストに適した設定をつくるキャラクターとなっているのである。

ただし、サリーとアン課題では、出来事の変化に気づかず、逸脱し、遅延するのはサリーという人物だが、観察者の目はビー玉という物の移動の方に向きやすい。また、アンはビー玉を箱に移すが、その目的は示されておらず、子どもの日常的な経験には対応しにくいのである。さらに、サリーは、ビー玉を手に入れても、もともとやっていたビー玉での遊びを再開するだけだから、スタートからゴールに至るスクリプトの流れとしての印象は弱いのである。

これに対して、今回、新たに実験プランを立て実行した「遠足課題」では、逸脱し遅延する者の動きも、先行していく者の動きも、人物（区別しやすいように動物の形をとっている）の行動として表している。集団行動の中で、このようなバラツキが現れるのはよくあることである。だから、それは、サリーとアン課題よりも、子どもが日常的に経験する出来事の流れに近いといえるのである。

◥遅延者・逸脱者を見る先行者の立場

ところで、人はいつ、遅延する者や逸脱する者に目を向け、その行動シナリオを意識するようになるのだろうか？

第一に、そのような立場になれるのは、子どもというより、指導者の立場にある大人である。指導者は、集団の構成員の技量を見ながら、動きの速度や通過するポイントなどを決定していく。また、遅延者や逸脱者がいる場合は、それらの者が集団の流れに戻るのを待ったり、時に一対一の関係となって直接指導することになる。ただし、これは、第三者の行動を意識し始め、「心の理論」を形成し始めた子どもの水準を超えた行動ではある。

しかし、集団の一構成員である子どもであっても、先行者あるいは先導者となって、遅れがちな子どもや逸脱しやすい子どもに目をかける、指導者的な立場をとる場合がある。実際、集団移動のときに、子ども同士が手をつないで進むのはよく見かける光景である。このようなとき、その片方は遅延や逸脱をしやすい子で、もう片方は移動の方向をよく心得ていて、相手が遅れないように、また、逸脱しないように導いていることがよくある。また、これはペアでおこなわれる多くの活動についていえることである（特に特別支援学校では意図的に、このようなペアを作ることが多い。また、保育園や幼稚園でも、最近、タテ割り保育の実践が多くなっている）。このような経験の中で、準指導者となっている者は、相手が遅れたり逸脱する気配を感じとり、その行動予測が巧みになっていくのである。

ここで重要なのは、いま手をつなぎ合ったり、ともに活動している二人の関係は、いま・ここでは、一、二人称的な関係だが、過去に遅延や逸脱をし、これからもそうするかもしれない相手を思うとき、相手のことを客観的に第三者的に見ているということである。また、いまペアを組み、あなたとして関係している相手も、集団の中では、次には別の人とペアになり、自分にとっては第三者になることがある。また逆に、別のペアに入っていた人が自分の相手、つまり第二者になることもあるだろう。このように、二人称的な関係にある相手の中にも三人称的な側面が隠れており、それに気づくことが、集団を自分にとってさまざまな位置にある人々の集合として捉える（後で述べる「私たち」という視点）、対人関係の次のステップにつながっていくと考えられるのである。

◥第三者の中に自分を見るようになるとき

ところで、集団の中で準指導者となっている子どもは、いつからそのような立場になったのだろうか？　また、それ以前にはどのような立場だったのだろうか？　準指導者となっている子どもも、もっと幼い頃には指導される立場だったはずである。だから、自分自身が遅延したり逸脱したりしやすい存在だっただろう。つまり、指導する子は、される子の中に自分を見ている。このことが、相手への共感を呼びさますと同時に、リーダー的な責任感を育てるはずである。

ただし、このように、集団の成員の行動を第三者として客観的に見ることができるのは、これまで述べてきたような指導者や準指導者だけではないだろう。たしかに、このような立場の者は成員の行動を見守ることを役割としている。しかし、他の者も集団の中で多くの経験を積んでいる。集団行動の先の方にいるときは、自然に準指導者的な立場になる。また、自分が遅延や逸脱をしそうなときは、それに対応しようとする指導者や準指導者の動きを感知することになる。このような経験は、遅延者、逸脱者への注目や共感を高めるはずである。

ところで、このように、集団の中の任意の第三者に自分を当ててはめてみることができるということは、第三者同士の関係性も理解できるようになる、ということである。たとえば、遅れた者の立場から進んでいる者を見る、またはその逆、というような。そして、このような観点は、第三者が別の第三者の心を読む様子を理解するという、いわゆる「第二次心の理論」(Baron-Cohen 1989) へと発展していくのである。

同情・はずかしさ・秘密が生まれるとき

ちなみに、人々が集団の中でそれぞれの行動を照合し、比較するということは、そこにさまざまな感情が発生することを意味する。

たとえば、集団の動きについていけなくて戸惑っている子どもを、かつてそのような立場を経験した者が見たときには同情の気持ちが生まれるだろう。そして、ついていけるように手を差しのべるかもしれない。このような感情は、先ほど述べた、準指導者の立場でも表れやすいものである。

また、集団の中の他のメンバーの行動を客観的に見ることができるようになると、今度は、自分自身の行動もそのような目で見られていることに気づくようになる。すると、自分が集団の流れから逸れたり遅れたりしているときには、その姿があからさまになってはずかしさを感じるのである。また逆に、うまく流れに乗っているときには得意満面の気持ちになるかもしれない。

ところで、集団の流れや規律、つまり集団が共有するスクリプトから逸脱するということは、必ずしもマイナスの意味をもつものではない。たしかにそのような行動の多くは基本的な流れの方向を見失ったり、迷ったりする中で生まれるものだろう。しかし、集団行動の流れは、多くの人が共有可能なスクリプトによって成り立つものなので、そこに個性は生まれにくい。だから、個々の関心から生まれ、共有の範囲を超えたスクリプトの存在を否定してはいけない。むしろ、そこにこそ子どもの自由な発想やアイディアが潜んでいる可能性がある。そのため、保育園や幼稚園のカリキュラムの中に自由時間が設定されているのが通常なのである。

だが、この個別スクリプトと集団スクリプトは衝突することも多い。たとえば、自由時間が終わり、集団活動の時間になったのに以前に始めた行動を終了できない場合がある。このような場合には、両スクリプトのあいだの調節が必要になる。たとえば、皆で園外に出かけるときのように大きく流れが変わる場合は、先生にとっても子どもにとっても、それまでしていたことを終了させなければならない事態となる。しかし、移動がなく、集団活動のために特に準備がなければ、子どもは「もうやめるよ！」と嘘をついて、こっそり以前の活動を続けるかもしれない。あるいは、集団活動に入った後で、先生が離れたスキに、また好きなことを始めるかもしれない。このようなことが起きるのは、先生と自分、それぞれの立場で作られるスクリプトがよく見えるようになっているからである。同様のことは、家庭でも起き、母親に嘘をついたり、秘密をもつようなことも生じてくる。

◥スクリプトの発生・衝突・意識化へ

以上述べてきたように、子どもは、まわりの人々のスクリプトが読めるようになるに従い、その認識、行動、さらには感情までを新たにすることができるようになる。そこで、この章の後半では、その間の変化を全体的に見つめてみることにしよう。

図8－1は、子どもの発達の各時代に、スクリプトがどのような状態にあるかを示したものである。これら各時代を経る中で、スクリプトは意識化され、また、それらを実行する人々の心も見えてくると考えられる。

第一の個別スクリプト優位の時代は、多くの子どもにとって保育園や幼稚園などに入園するまでの、家庭生活中心の時期である。この時期には、子どもは全く単独で、あるいは大人などに助けられながら、比較的自由な活動に取り組んでいる。その中で、活動には始めと終わりが

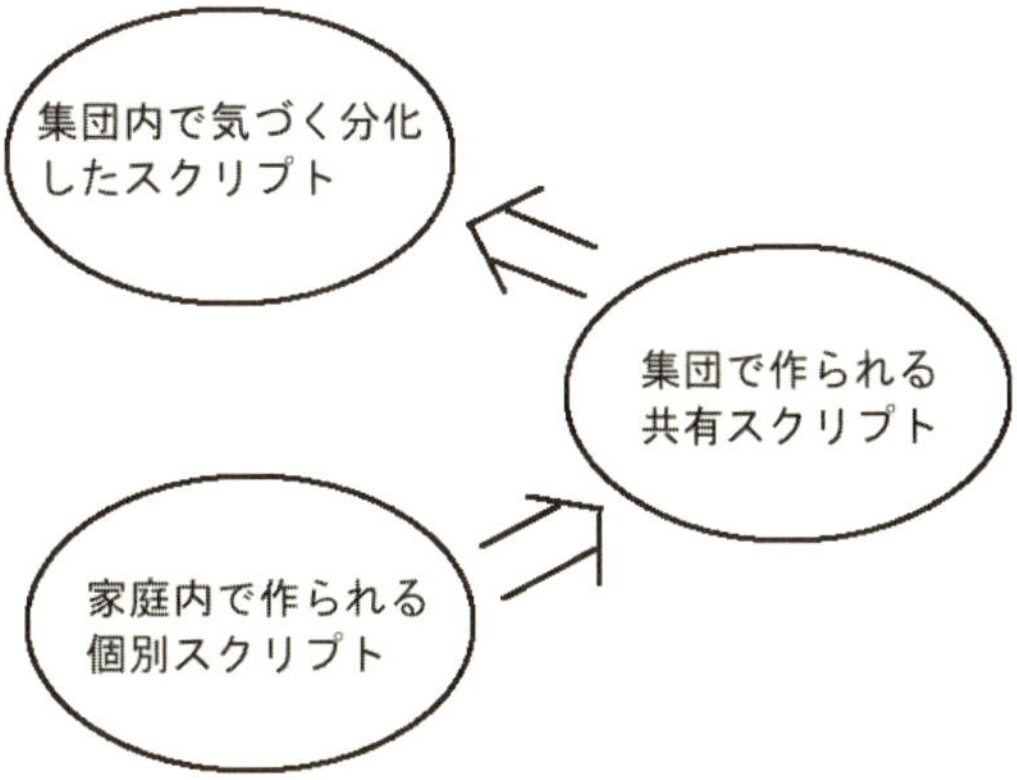

図8－1　子どものスクリプトの発生と進化

あり、いくつかのステップがあることを知る。また、それらは、行動の中で繰り返されるだけでなく、「よーい、スタート！」「おしまい！」「できた！」「待って！」「こっち」「あっち」「よし、今度は……」などのことばをともなう中でスクリプトとして意識化される。

一方、これらを含む、朝から夜までの日常的なサイクルについては大人が管理している。それらの多くは毎日繰り返されるルーティーン的なものだが、お出かけや行事など、イベント的なものも入ってくる。そして、これらのイベントは発達してきた子どものスクリプトと衝突することも多くなってくる。また、この衝突の中で、本当はここまでやりたかった、というように、自分のスクリプトの細部が見えてきたり、いったいどんなことが始まろうとしているのかと、相手がもち出してきたスクリプトの中身をのぞこうとするようになる。これは、いわゆる「三歳の反抗期」と呼ばれているもので、この中で生まれるスクリプトの照合がやがて「心の理論」の形成につながると考えられるのである。

◥集団内で気づくスクリプトの同型性

しかし、子どもが家庭内で気づくスクリプトの輪郭はまだ明確なものではない。それは個別の体験を重ねる中で意識されるものにすぎない。

ところが、子どもが保育園や幼稚園のような集団生活の中に入ると、状況は一変する。自分がしている行動は、他の多くの子どももしていることである。登園して、下足を下駄箱に入れる動作は他児にも見られる動作となる。教室に出入りする動作も、それら一連の動作をつなぐスクリプトも多くの子どもに共通したものとなっている。つまり、個々の動作についても、スクリプトについても、ここには同型性がある。

人には、自分自身の姿というものは見えないものである。しかし、他者の姿はよく見える。そして、集団生活を始めた子どもにとって、周りは自分と同型の行動をとる多くの子どもたちの集まりである。そのことによって、自分がたどっているスクリプトは個別のものでなく一般的な、皆が共有し、互いに確認しやすいものになるのである。これが図８－１中の第二の段階のスクリプトである。

◥「私たち」という視点の意味

ところで、集団に入るまで、子どもは、主として、親との私‐あなた関係にある。そこでは、私とあなたは異なる役割をもち、時には対立する、違いが目立ちやすい存在である。そして、異なる意図が絡みあうので、その背後にあるスクリプトは共有しにくい。

しかし、自分と同年齢の子どもたちの集団の中にいると、皆が同じ立場で同じ行動をしているので、お互いの姿を照合しやすく、行動の流れを作っているスクリプトの内容が見えやすくなる。すると、そこには「私たち」という視点が生まれてくる。「私たち」は、立場を同じくする中で、情動的にも共感的な関係になっていく。

そして、そこはさらに、「私たち」の姿を明瞭にするものが現れてくる。それは、「あなたたち」や「彼ら」の存在である。たとえば、「私たち」が皆で歌を歌っているときに、隣の教室の「あなたたち」は、粘土遊びを始めるかもしれない。また、そのとき、年長のクラスの「彼ら」は、遠足に出かけているのかもしれない。このような各集団の区別が自分が属する集団への帰属意識を高めるはずである。

このように、「私たち」、「あなたたち」、「彼ら」が、同一の行動をとる人々のかたまりとして感知されることによって、それらを方向づけている、それぞれのスクリプトが明確に意識されるようになると考えられるのである。

◤集団的バイアスと日本の子ども

ただし、このようにして固められていく「私たち」という意識はプラスの側面だけでなく、マイナスの側面ももつ。同じスクリプトのもとで共感的に行動することは、「〜しよう！」「〜すべき！」という団結心を生み出す一方で、集団の各構成員を本流の中に留めようとする半強制的な意図も生み出すのである。それは、本章で何度も取り上げてきた、集団の中に生まれがちな、遅延者、逸脱者の存在を認めようとしない態度でもあるといえるだろう。だから、そこには、逸脱者、遅延者を本流に引き戻そうとする意識が常に働いている。

ところが、これも、本章、さらには本書全体で述べてきたように、遅延者、逸脱者に目を向け、彼らがもっているスクリプトに則して行動予測することの中にこそ「心の理論」が成り立つ基盤がある。だから、「私たち」という意識は自分たちが共有するスクリプトを鮮明にする一方で、他のスクリプトを見えにくくし、「心の理論」の形成を阻害する働きももっている。つまり、それは、集団的なバイアスとしても働くのである。だから、たとえば、サリーとアン課題で、サリーがとるはずの行動がうすうすわかっていても、「箱を開けるべき」という、集団的なバイアスのかかった答えとのあいだで葛藤することになるのである。

ところで、これと関連して思い出されるのは、3章で述べた、日本の子どもは「心の理論」の形成時期がなぜ遅れるのか？という問題である。

日本の子ども、さらには日本人全体が、集団的なまとまりを乱さずに行動しようとする傾向はやはりあるのではないか、と思う。それは、たとえば、赤木和重による、娘のアメリカでの小学校入学の体験を述べた著書（赤木 二〇一七）にもよく表れている。そこでは、日本の学級が生徒たちに同一性（sameness）を求める傾向が強いのに対して、アメリカの学級では差異性（difference）を大きく認める様子が、自らの体験を通して生き生きと描かれている。その教室では、日本人にとっては、あまりにもバラバラで好き勝手に思える子どもたちの行動が当然のように許されていたのである。

このような、日米、あるいは、日本と諸外国のあいだで、子どもが置かれている状況の違いは、「心の理論」の形成にも影響を及ぼす、と考えられる。集団内の共有スクリプトを重視する日本の教育現場では、共有部分からはずれたスクリプトは放置されず、修正されやすい。このことは、共有スクリプトへの指向性を強める一方で、遅延者、逸脱者が有するスクリプトへの注目を弱める働きをする。つまり、そこでは集団的なバイアスが強く働き、「心の理論」の形成が遅れやすいと考えられる。

ちなみに、今回、日本の教育現場で、サリーとアン課題と遠足課題を実施し、その結果を報告すると、教員から、無断で物の置き場所を変えたり、誰かを残したまま他児をバスに移動させる場面は、実際には起きてはいけないことなのではないか、という感想が述べられた。2章で述べたように、変更があったときには、子どもに、すぐにそれを伝えるのが日本の教育現場の体制だからである。しかし、海外に目を向けると、先の赤木（二〇一七）の報告にもあったように、子どもが不案内な状況に遭遇するケースは日本よりずっと多いと考えられる。子どもは、このような経験を重ねる中で、「心の理論」テストで不測の事態に遭遇する人物の立場や心理を、より理解しやすくなる、とも考えられる。つまり、このことも、欧米の子どもが、日本の子どもよりも「心の理論」テストに早く合格するようになる理由になっていると考えられるのである。

◥「心の理論」の認知成分と共感成分

ところで、本章で、すでに触れたことだが、「心の理論」が働くときには、心を読んでいる相手への共感的な心理も発生する。集団的な行動の中では同様の行動を進める仲間への共感が生じるし、遅延者や逸脱者に目を向けるようになると、同情心や、場合によっては、あざけりの感情が生まれる可能性がある。「心の理論」は、その成立にスクリプトの形成が必要だが、それを実際に人に適用するときには感情をともないやすい。つまり、「心の理論」の形成には、スクリプトの見分けという、認知成分といえるものと、他の人の置かれた立場を知ったときに生じる、共感成分といえるものの両者が関係していると考えられるのである。

では、「心の理論」が形成されるとき、この二つの成分のうち、どちらがより大きな働きをもっているのだろうか？　ちなみに、共感性が乏しいと考えられる自閉症者の場合には、「心の理論」の形成の顕著な遅れが見られる（**Baron-Cohen 1985** など）。このことを考えると、「心の理論」を共感成分の方に強く結びつけたくなる。しかし、自閉症児は共感性が乏しい一方で高いシステム志向性がある（バロン゠コーエン 二〇〇五）。それは、物事のしくみなどを見分ける、認知的な心の働きである。そして、自閉症児の中にも、遅れながらも、「心の理論」に到達する者は多い。ということは、自閉症者は「心の理論」テストを主に認知成分を用いて解いていると考えられ、この点でも、「心の理論」には認知と共感の両成分が含まれると考えられるのである。

◥「心の理論」の達成に男女差はあるのか？

ところで、いま触れたことだが、バロン゠コーエンは、自閉症ではシステム志向性が高く共感性が低い傾向が極端に強いことを示している。そして、この傾向は、同じくバロン゠コーエンが述べているように自閉症者ほどではなくても男性全般に見られる傾向である。反対に女性

表8－1　4～5歳児における全4課題の男女別正答率（％）

課題	男児（全20名）	女児（全30名）
サリーとアン課題1	35（7人）	63（19人）
サリーとアン課題2	35（7人）	77（23人）
遠足課題1	25（5人）	40（12人）
遠足課題2	45（9人）	67（20人）

には、システム志向性が低く共感性が高い傾向が見られる。すると、ここから、「心の理論」の達成は、共感性がより高い女性でより早く、共感性がより低い男性ではより遅い、という予想が生じてくるのである。

では、「心の理論」の実際の検査結果の中にこのような傾向は出ているのだろうか？

表8－1は、今回、保育園と幼稚園の年中組の子どもたちに対して実施し、本書で紹介してきた四種の検査の正答率を、男児（二〇名）と女児（三〇名）に分けて示したものである。表を見ると、四種、すべての検査で男児より女児の方が正答率が高く、この結果を見る限りでは、「心の理論」の達成は女児の方が早い傾向があるように見える。ただし、今回、対象としたのは四～五歳という、まさに「心の理論」の形成途上に相当する年齢範囲の子どもたちだけである。また、対象児の数も多くなく、特に男児の数が少ない。だから、この問題については、他の研究者によるものを探ってみる必要がある。

そこで、該当する研究を探ってみると、今回の結果と同様に、女児の方がごくわずかだが「心の理論」の達成が早いという結果が見られた（Charman et al. 2002）。だが、反対に、男児の方がよりよい結果を示すという研究もある（Russell et al. 2007）。つまり、これらの結果から判断すると、その達成には男女間で特に大きな差はないと考えられる。そして、その理由は、「心の理論」の形成には認知成分と共感成分の両方が関係しており、男性は前者の方を、女性は後者の方を、より多く使いながら課題を解決しているから、と考えられるのである。

第三者になると見えてくること

ところで、第三者とは第二者のように直接、その場でかかわっていない人物である。だから、物理的な距離だけでなく、心理的な距離も遠い人のように思えてくる。しかし、「心の理論」が多少なりともできあがってくると、第三者は第二者よりもわかりやすく、共感を感じやすい存在になる可能性がある。

というのは、第二者というのは、空間的な距離が近くても心理的には距離のある存在である場合も多いからである。第一に、私とあなたは敵対的な関係にあることも多い。たとえば私がある物を求めるとき、あなたもそれを求めているかもしれない。あなたがそれを手に入れれば、私には怒りの感情が残る。第二に、二人で同じことをしているときも、私が生徒役で、あなたが先生役なら、それぞれ異なる役割を果たしているわけで、立場の違いというものが強く意識されるかもしれない。第三に、私とあなたは物理的に近いだけに、その違いが意識されやすいかもしれない。たとえば、私が非常に痛い思いをしているとき、あなたは物理的にすぐそばにいるのに、その痛みを実感をもって感じ取ることはできない。また、外見の違いが大きければ、近くにいるだけにそれは強く意識されることになる。

ところが、第三者には、このような、第二者に直接面しているときのような相違感を感じなくてすむ。遠くにいるだけに、その全体的な様子を見ることができ、彼や彼女が置かれた状況を理解し、そこに自分を当てはめてみて共感を得ることができることも多いのである。たとえば社会的な場面で係争があった場合は、二人のあいだに第三者を立てることが多い。それは、第三者を立てることによって、争う当事者同士もお互いのことを第三者として捉え、状況を理解しやすくなるからである。

また、自分自身の姿を第三者として捉えることは、一般に「心の理論」の形成が遅れやすい自閉症者にとっても役立つ場合が多い。自閉症者には、共感が生じにくく感覚過敏をもつ、という特性がある（熊谷 二〇一七）。すると、自分と異なる立場の者とかかわるとき、共感は通常よりも生じにくく、相手との相違を感覚的にも、より強く感じることになるのである。ところが、自分自身の置かれた状況を、第三者同士の関係性として、遠くから空間的・論理的に捉える方法を用いると、自分自身についても相手についてもよりよい理解が可能になることがある。

自閉症者に対しては、近年、ソーシャル・ストーリー（Gray 1994）や関係図（服巻 二〇〇八）が用いられることが多くなっている。ソーシャル・ストーリーとは、日常的によくあるできごとを物語化し、そこでどのような行動をとるべきかを述べて、実際の場面に適用していくものである。また、関係図とは、自閉症者が他の人とのあいだでうまく対応できなかった体験をコミック的に絵で表し、その関係性を視覚的に理解しながら、どのように行動すべきだったかを学ぶものである。そして、このような方法をとると、たとえば、相手に直接面していて怒りの感情が持続する場合よりも、客観的に、また、冷静に状況の意味を確認できるようになることが多いのである。

これらの方法が有効なものとして用いられるようになっているのは、当人の置かれた状況を第三者として見つめる方法がとられているためと考えられる。また、その効用は、次章で述べるように、多くの人々が物語というものを好む理由にもなっていると考えられるのである。

9章　先行者に対して働く「心の理論」

先行者の行動予測が始まるとき

これまで「心の理論」のさまざまな形について述べてきた。しかし、実は、まだほとんど触れてこなかったものがある。それは、先行者に対して働く「心の理論」である。

第三者に対する「心の理論」は、集団の中の遅延者、逸脱者について現れると考えられる。だから、前章で述べたように、サリーとアン課題では、遅延者、逸脱者としてのサリーに対する「心の理論」の存否が調べられているのである。しかし、子どもたちには、まもなく、集団の中の別のメンバーに対する「心の理論」が現れてくる、と考えられる。それは、先行者、つまり指導者に向けられた「心の理論」である。

集団に入ったばかりの子どもたちは、集団の動きについていくだけで精一杯で、それを率い

図9－1　指導者が選ぶ行動ラインを予測していく状況

る指導者の行動を予想することはできない。しかし、集団の中に身を置くうちに、次第にそれができるようになってくる。ただし、他の人の行動を予測すること自体は、たとえば親子のような、私－あなたの関係ではすでにやってきたことである。「どこに行くの？」「何をするの？」「～するの、イヤ！」というような質問や拒否は、子どもが親に対してよく発することばである。また、子どもの方から、「～して！」「～しよう！」と、これから始める行動について、要求や提案をすることもあるだろう。このような、直接交渉可能な二者関係では質問や要求に対してすぐに答えが返ってくるわけだが、集団の指導者に対しては、そうはいかないことが多い。端から見ながら予想していくしかない。

このような状況を、これまで何度も用いた図の形式で表すと、図9－1のようになる。集団に参加する子どもたちは、指導者が分岐した道のどちらに進むかを予想することになるのである。そして、このようなことが可能になるのは、子どもがすでに何度も、指導者が設定した集団の動きについてのスクリプトを経験し、その選択肢が見えるようになっているからである。

また、この頃になると、子ども集団の遊びも増え、集団内に指導者的な立場の子どもが生まれてくる。また、この立場は子どもたちの中で交代され、多くの子どもが擬似的に指導者的な経験をしていることが指導者の行動予測を可能にすると考えられる。

カード分類テストの中の「心の理論」

実は、このような、先行者を追跡するときの心の働きを調べるのにぴったりの検査がある。それは、「ウィスコンシンカード分類テスト」と呼ばれる、神経心理学の分野で長く用いられてきた検査である（Milner 1963など）。この検査は、「心の理論」が論議されるより以前から使われてきたものだから、もちろん、それとの関連の中で生まれたものではない。しかし、その中身を見ると、これから述べていくように、「心の理論」テストの発展型としての特徴を備えているのである。

カード分類テストでは、図9－2に示したような見本カードと反応カードが用いられる。見本カードは、図の上部に示したように、色については、赤、緑、黄、青の四色、形については、三角、星形、十字、丸の四形、数については、一、二、三、四の四数のうちのいずれかを表す四枚のカードから成る。反応カードは、これら四色、四形、四数の組み合わせから成る六四枚

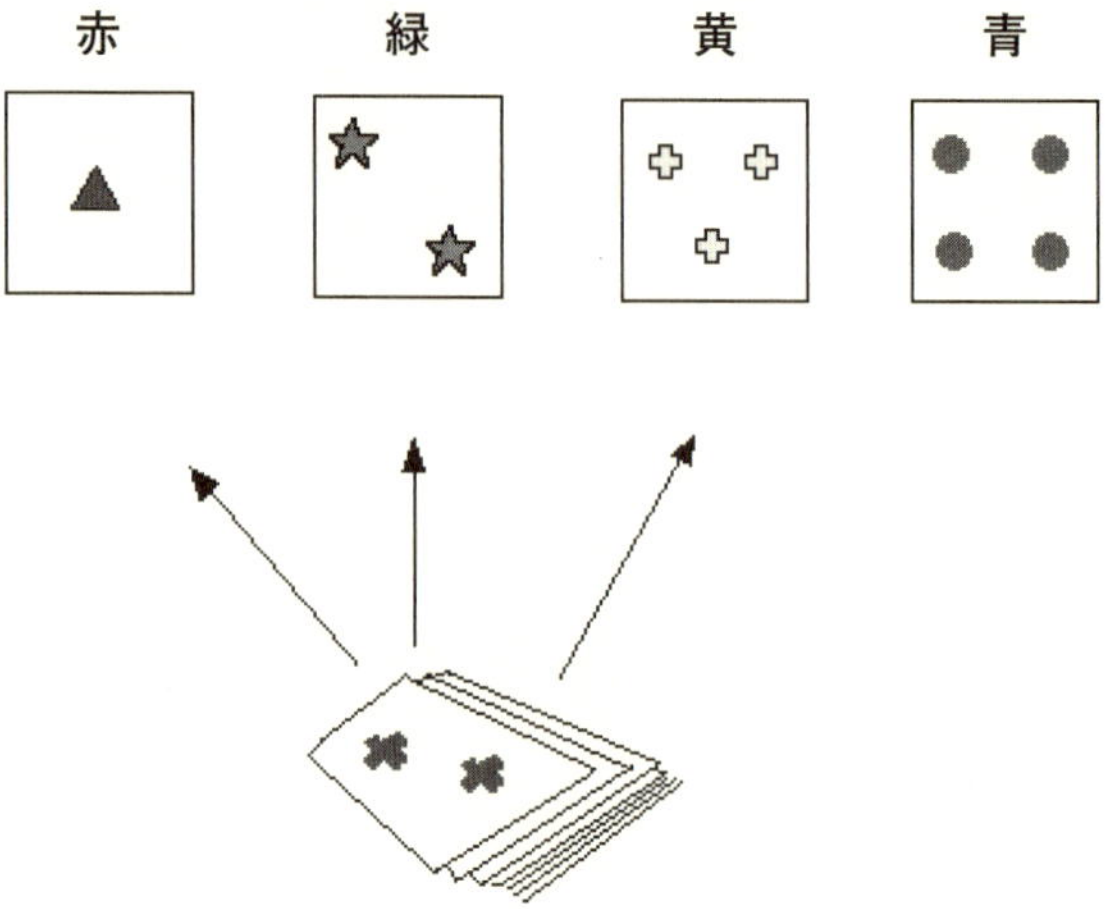

図９－２　カード分類テストの材料

のカードを二セット、計一二八枚、用意し、検査参加者の前にランダムに積み重ねられており、上から順に一枚ずつ参加者に渡されるのである。参加者は、それを、見本カードのうち、いずれかひとつの前に置くように求められる。それに対して検査者は「よろしい」または「違います」とだけ答えていくのである。

　正答の基準は、色、形、数のうち、どのカテゴリーによってカードが選ばれたかにもとづいている。たとえば、図９－２の一番上の反応カード（赤の十字が二つ）の場合は、色については見本カードの一番左、形については右から二番目、数については左から二番目のカードの前に置いたときに正答となる。この正答基準は、色が同じもの、形が同じもの、数が同じもの、と順に移行していく。そして、移行のタイミングは一〇問正答が続いたときで、色、形、数と移行した後は色に戻り、一二八枚のすべてのカードが使われるまで検査は続くのである。

このテストがなぜ「心の理論」と関連しているのかというと、まさに図9-1のような状況を作っているからである。検査者は、このテスト場面で指導者あるいは先行者となり、色、形、数のいずれかの分類基準にもとづく道を選び進んでいく。しかし、その道はテスト参加者には告げられないし、問われても答えることがない。だから、検査者は直接交渉できない、第三者的な立場であり、参加者は、応答だけから、その背後にあるスクリプトを読もうとするわけだから、「心の理論」を働かせているのである。

◥カード分類テストを自閉症児に適用してみると

カード分類テストは、一九六〇年代に、ミルナー（Milner 1963）が多数の前頭葉皮質切除者に適用し、固執性誤反応が非常に多く現れることを見出した検査である。固執性誤反応とは、このテストで、たとえば色から形へと分類基準が変更されたのに、そのまま色にもとづく選択を続けるというように、以前のやり方に固執する反応のことをいう。つまり、検査者が進む道の変更に気づかず、従来の道を進み続ける反応のことである。

ところで、この「固執」という特徴は、前頭葉損傷者の行動全般に現れるものだが（ルリヤ一九八〇など)、自閉症者にもよく見られるものである。どこかに行くのに同じ道を通らないと承知しなかったり、何かをするときの手順を同じにしておこうとする、というようなこだわりが頻繁に見られる。つまり、自閉症者には、前頭葉損傷者と共通すると考えられる行動特徴が観察されるのである。

そこで私は、もう三〇年以上前のことになるが、このテストを、自閉症児のグループと、自閉症でない知的障害児のグループに適用してみることにした(熊谷 一九八三、一九八四)。すると、自閉症児の多くには、予想どおり、固執性誤反応が多く現れたのである。一方、知的障害児のグループは、誤反応自体は自閉症児のグループより多かったのだが、固執性の割合は少なかった。この結果は、同時期に英国で実施された実験結果(Rumsey 1985)とも一致したものとなっている。

集団行動を反映する前頭葉の働き

人の前頭葉(より正確にいうと、その中でも前方にある、前頭前野と呼ばれる領域)は、行動を抑制したり、プログラミングをする領域である(ルリヤ 前出ほか)。その働きは「実行機能」と呼ばれ、現代の脳科学では非常に重要な分野になっている。しかし、実行機能という訳語は誤解を生みやすい。その原語はエグゼキュティブ・ファンクション(executive function)であり、エグゼキュティブとは、「実行する」と訳されることもあるが、最もよく用いられるのは、「重役」という訳語である。つまり、社内の人々の動きを見渡し、その進行方向や進み具合を調節する役割をもっている。つまり、「実行」という表に現れる行動よりは、それを背後から見つめ、コントロールする役割をもっているのである。

前頭葉の成長は、もちろん人の脳の生物学的な成長を基礎とするものだが、同時に人々の中で、人々とかかわる行動の中で形成されるものである。「行くよ！」、「待って！」、「こっち、こっち！」など、大人からかけられたことばを、今度は自分自身に向けて発する中で行動はコントロールされるようになっていく。そして、それらを結びつけ、たとえば、「オヤツを取りに行き、それをテーブルまで運び、食べ終わったら片づける」というようなプログラムにしていく。そして、プログラムが長くなると、その中で動く自分と、それを監視し、どこまで来ているかを確認する自分が分化するようになってくる。これが実行機能（エグゼキュティブ・ファンクション）と呼ばれるものである。

ところで、このように、自分の行動の流れ全体を見渡すことができるようになるためには、集団的な行動をたくさんしておくことが必要だと思われる。集団の中には、その道程の中程にいる者、もうその道程を終えている者、先を行く者、遅れている者、逸脱する者がいる。そのいずれかの場所に自分を当てはめてみることが、プログラムの中に自分を置いて見つめる働き

図9－3　行動しながら、自分を含む全体の流れを見つめる働き

につながっていくと考えられる。つまり、図9－3に表したように、このように捉えられた集団行動のイメージは自分自身の行動の見取り図となる。また、この見取り図（スクリプトといい換えてよいだろう）ができあがってくることによって、集団内の各メンバーの行動と位置をその中に当てはめることができるようになっていく。そして、集団を率いる者も、このような見取り図にもとづき、集団の構成員の特性に合わせて進路を決定していると思われるのである。

◥カード分類テストの簡易版を幼児に適用してみる

ここで、先に紹介したカード分類テストの話題に戻ることにする。すでに述べたように、このテストは「心の理論」が形成される頃に子どもが経験する、指導者が選ぶ行動方向への気づきに深く関係している。しかし、これまで、このテストは幼児でなく成人を対象に実施されることがほとんどだった。その理由は、四種の色・形・数の組み合わせによる一二

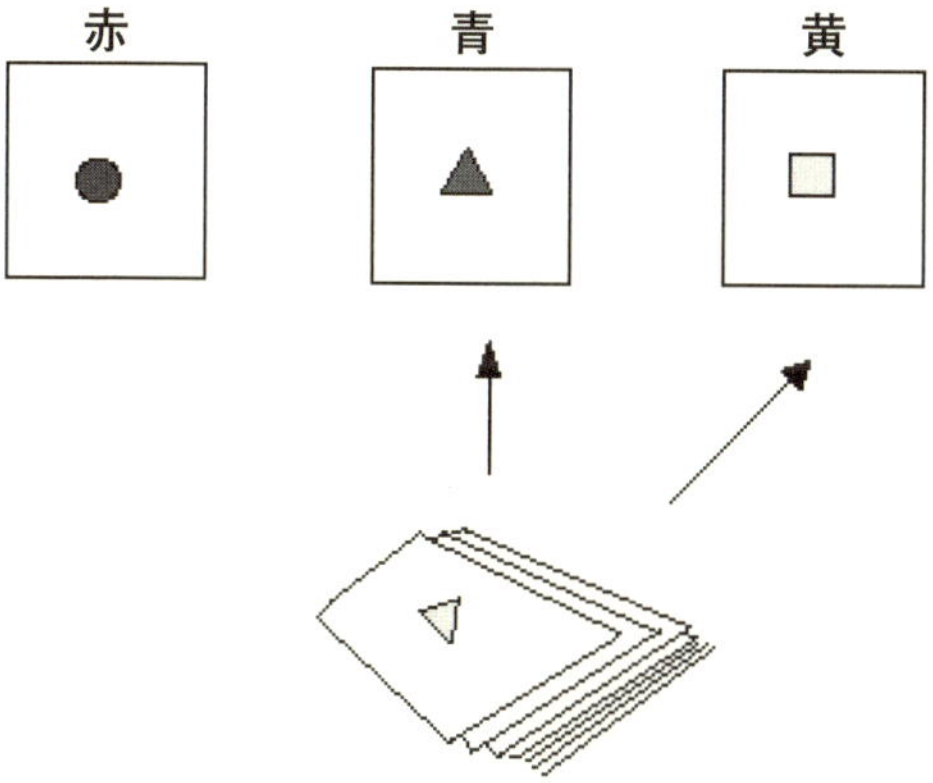

図9-4　簡易版カード分類テストの材料

八枚のカードを分類するという、認知的にも作業的にも参加者に負荷をかける課題となっていたためと考えられる。だが、検査者が選び進む方向を推測するという、このテストの基本となるしくみは四～五歳の幼児にも通じるはずである。

そこで、私は、参加者にかかる負担をできるだけ軽くした、カード分類テストの簡易版を作成し、子どもたちに適用してみることにした。検査に用いたのは、図9-4に示したような、見本カード三枚と反応カード三六枚である。このテストでは、分類カテゴリーを色と形の二種とし、また、その内容も、赤、青、黄と丸、三角、四角と三つにした。これらの組み合わせによる九枚のカードを四セット作り、合計三六枚の反応カードをランダムに積み重ね、それを上から順に子どもに手渡し、見本カードのいずれかの前に置いてもらうことにした。

テストは、幼い子どもたちにゲーム感覚で参加してもらえるように、次のような教示を実演入りでおこなったうえで開始した。

これから〇〇ちゃんにカードを一枚ずつ渡すから、こんなふうに、ここにある三つの中のどれかの前に置いてね。当たりだったらピンポーン！、はずれだったらブップー！といいます。でも、どこが当たりで、どこがはずれかは、秘密です。できるだけ、たくさん、ピンポーン！をもらえるように、よく考えて置いていってね！

なお、事前に予備テストを実施してみたところ、子どもたちには、ほとんどの場合、ブップーと告げられると、すぐに置き場所を変更する行動が現れた。そこで、これを許可し、修正後に正答の位置になってもピンポーン！と告げたが、評価は誤答とした。また、三六枚の中で基準変更を多く経験できるように、正規の検査のように一〇問連続でなく五問連続正答で分類が達成されたと見なし、色から形、形から色……と基準を変更していった。

◥テストの中で示された幼児と自閉症児の反応の違い

テストは幼稚園の年少児八名（三～四歳）、年長児八名（五～六歳）と自閉症児八名（一五～

一八歳）に対して実施された。表9－1はその結果である。

まず年少児と年長児を比べると、年少児では達成した分類数が少なく、また、テストを終えるまでの時間が長くなっている。これは、自分自身で分類基準を発見していくのがむずかしく、検査者の様子をうかがいながら迷い続けるケースが多かったからである。この特徴は、②と③に特に強く表れており、全く分類基準を発見できないか（②）、最後になって一つを発見する（③）結果となっている。これに対して年長児では、「よし！」「ここ！」「これ？」（検査者は質問に対しては答えていない）などのことばを発することが多く、自分で基準を発見しようとする様子が多く見られた。つまり、年少児では検査者に追従して反応する傾向が大きく、年長児では分類基準の変更を見越した反応が多くなっていたのである。ただ、両グループとも検査者の反応をよくうかがう点では一致していた。

一方、自閉症児では、分類数では年長児とほぼ同等だが、他の点ではかなり異なる結果となっている。第一に、課題の遂行時間が非常に短くなっている。これは、観察された行動に表れているように、検査者の正誤を告げることば以外の反応にほとんど注目せずに反応しているからである。むしろ、課題のしくみを発見することに興味を示している様子があり、それは⑤がたびたび「楽しいです」と発していたことに表れている。

ただ、検査者を無視して自分の判断の中で課題を進める傾向があるため、やはり、固執反応ドは増えている。また、この傾向は課題の開始時点の行動に現れることもあり、⑥は反応カードを見本カードの前でなく上に置こうとし、⑦は見本カードの方を反応カードの上に置こうとした。つまり、自閉症児の場合は、自分の中でルール化を進める傾向があるのである。

ところで、本書の4章で私は、スクリプトのズレを示す子の中に「先走る子」を挙げた。それは、皆と歩調を合わさず自分だけ先に進んだり、予定外の行動を始めてしまう子どもである。そして、自閉症の子どもの中には、このような行動を示す子が多い。このような行動特徴は、カード分類テストの中では、検査者にあまり注目しない速い反応や固執反応の多さに現れていると考えられるのである。

以上見てきたように、カード分類テストでは、指導者の行き先の推測という形で「心の理論」の成長の様子を観察することができるのである。つまり、年少児には指導者の判断を読むことがむずかしいまま追従する傾向が見られ、年長児にはそれを読み、自分の判断にして課題を進める様子が見られた。一方、自閉症児には、検査者からある程度独立して自分の中でルールを発見していこうとする傾向が見られたのである。

前章で、私は「心の理論」の中の認知成分と共感成分について述べた。「心の理論」にはこれら二つの心理機能がかかわっていると考えられる。そして、自閉症児の場合は、これら二つのうち認知成分の方が優位に働きやすいと考えられる。つまり、ルールを検査者と共有するよ

表9－1　年少児、年長児、自閉症児の簡易カード分類テストの結果*

	番号	分類数	固執反応数	所要時間	たびたび観察された行動
年少児	①	4	8	6'35"	「わからない」と首をかしげる。
	②	0	0	10'50"	ピンポーンといわれるまで移動。
	③	1	1	14'35"	検査者やあたりを気にする。
	④	3	11	6'12"	ピンポーンでにっこり。
	⑤	3	9	6'30"	検査者をうかがいつつ選ぶ。
	⑥	4	6	5'50"	分類基準が変わると迷う。
	⑦	1	7	7'41"	分類基準が変わると迷う。
	⑧	2	8	5'02"	迷うが、わかるとすぐ置く。
	平均	2.3	6.3	6'54"	
年長児	①	4	9	6'58"	検査者を見ながら置いていく。
	②	4	5	5'40"	迷いながら検査者を見る。
	③	3	7	5'10"	位置をずらしながら検査者を見る。
	④	4	5	5'25"	「よし！」といいながらやる。
	⑤	3	12	5'20"	「ここ？」と聞きながらやる。
	⑥	5	5	6'59"	「これ？」「あー、よかった」などという。
	⑦	2	11	3'55"	「ここ？」と聞きながらやる。
	⑧	3	5	4'45"	位置をずらしながら検査者を見る。
	平均	3.5	7.4	5'32"	
自閉症児	①	3	7	5'04"	カードばかり見ながらやる。
	②	2	8	4'10"	カードばかり見ながらやる。
	③	2	12	4'54"	「ブブー！」といわれると「アー！」と叫ぶ。
	④	4	8	3'40"	無言で迷わず置いていく。
	⑤	4	9	2'35"	「楽しいです」と何度もいう。
	⑥	3	12	2'40"	カードの位置をせわしなく置き換える。
	⑦	4	5	3'00"	カードを素速く動かす。
	⑧	3	11	2'25"	「ここ！」といいながら置いていく。
	平均	3.1	10.1	3'34"	

＊所要時間の表記については、たとえば 6'35" は6分35秒を表す

りは自分の中に取り込もうとする傾向が強く、それがカード分類テストでも課題遂行時間の短さに表れていたと考えられる。また、それは、「心の理論」テスト（7章）で、幼児と比べて迷いがない反応が多く見られたことにも表れていたものである。

◤物語の主人公を追跡する

ところで、これまで詳しく説明してきたカード分類テストは、先行者を追跡し、行き先を予測する行動のほんの一例に過ぎない。私たちはドラマを見る中で、また本を読む中で、多くの時間を費やして、この種の行動を経験している。それは、物語の登場人物（多くの場合は主人公）の行動を追い、その心を読もうとする経験である。

物語の主人公が切り開いていく世界は、視聴者や読者がすでによく知っている世界ではない。その展開の先の先まで最初から読めてしまうような物語は、鑑賞する者にとってつまらない作品である。自分の経験にもある程度当てはまり、ある程度予想可能な筋書きでありながら、思わぬ展開が待ち受けている。そういう内容を含むものこそ、皆から評価される、よい物語といえるだろう。

だから、発達心理学で用いられるスクリプト概念は、子どもが何度も経験する出来事の基本型に相当するものだが、物語（ナラティブとも呼ばれる）は、その多様な発展型である。だから、物語理解のレベルが高い子どもは「心の理論」のレベルも高いことが示されている（Lewis et al. 1994）。

物語では、一般に、いつもどおりの日常の中にある種の危機が訪れる。危機脱出のために主人公は複数の方法を考え、そのうち一つを選び先に進むが、再び危機が迫ってくる。その繰り返しが物語である。

このようなシナリオの代表例は、シャーロック・ホームズによる事件解決の物語だろう（ドイル 二〇一〇など）。ロンドンのベーカー・ストリートにある事務所でいつもどおりの日常を送るホームズのもとに、またもや怪事件が飛び込んでくる。さて、ホームズは事件解決のためにどのような方法をとるか？

そして、この物語には、毎回、ワトソンという友人が登場してくる。ワトソンは端からホームズの行動を見守り、彼なりの予想を立てるが、いつもホームズが予想外の方法をとるのを見て驚かされることになるのである。ワトソンは、主人公であるホームズの行動を追跡する読者の代わりを果たしているといえるだろう。そして、物語の最後には、探偵がなぜ、その道をたどったか、について種明かしがなされるのである。

たいていの物語は、シャーロック・ホームズによる事件解決簿ほどにわかりやすい構造をしていない。しかし、どの物語にも、主人公が分岐した道のいずれかを選んで進んでいくのを読者が追跡するというシナリオが隠されているのである。

子どもが物語世界に入っていくとき

そして、私がここで強調したいのは、子どもがこのような物語の世界に入っていくのが「心の理論」が形成されていくのと同時期だ、ということである。

このことを、日本の多くの子どもが親しむ絵本シリーズを例に説明してみたい。子どもたちが最初に興味を示すのは、たとえば、「こぐまちゃん」シリーズ（わかやま 一九七二など）やブルーナの「うさこちゃんの絵本」（ブルーナ 一九八二など。三歳相当まで）のような、日常生活を描く絵本である。そこでは、たとえば、食事、入浴、水遊び、砂遊びなどが描かれ、特別な事件は発生しない。だから、この時期は物語の準備期といえるだろう。

ところが、四〜五歳になると、たとえば、「ノンタン」シリーズのように、皆からはずれた行動をとりやすい主人公の物語が好んで読まれるようになる。たとえば、ある日、ノンタンは一人でブランコに乗り続け、仲間が待っているのに気づかない。しかし、次第に皆の声を聞くようになり、最後は順番を守るようになる（『ノンタンぶらんこのせて』キヨノ 一九七六）。また、別の日、ノンタンは皆が泡まみれになって遊んでいるのを発見するが、いまから参加するのは面白くない。しかし、だんだん皆の遊びに巻き込まれ、自分も泡で遊ぶようになる（『ノンタンあわぷくぷくぷぷぷう』キヨノ 一九八〇）。

このように、当初、ノンタンが置かれている立場は、集団の中の遅延者、逸脱者であることが多い。それが、皆とともに本流を発見していく中で事件が解決するのである。だから、これらの物語の内容は、「心の理論」を形成していく、この時期の子どもの心理状態に連動しており、そのために、よく読まれていると考えられるのである。

ただし、その物語は、まだ、本章で紹介してきた、先行者を追跡するタイプの物語ではない。先行者を追い、思わぬ出来事に出合う、より本格的な物語に入っていく中で、子どもたちは新しい世界を知るようになるのである。

自分の人生の物語を作り始める

こうして、物語世界に親しむ中で、子どもはさまざまな出来事のシナリオやさまざまな人物の人生の物語を知るようになる。しかし、それは、自分でなく、他人の人生についての物語である。そこで、子どもは、それらを参考に、やがて自分の人生の物語を作り、実現していくようになる。

人生には、誕生、成長、就学、就職、結婚、育児など多くのシナリオが含まれている。社会は、それらにもとづき、人生全体についてのモデルとなるシナリオを用意し、人々に示している。そのモデルに従って、シナリオを首尾よく実現していくのが多くの人の望みである。

しかし、実際には、シナリオはモデルどおりに運ばないことが多い。理想とされるシナリオを進む人々の流れに乗り遅れたり、脇道に入ってしまうことも多い。また、時に、既成のルートをはみだして、未踏の道を突き進むことになるかもしれない。つまり、この本で「心の理論」の形成と関連させて述べてきた、共有ルートからの逸脱者、遅延者、あるいは、先行者となる物語を生きる可能性がある。人生の物語についての、これら多くのルートを自分の人生にも、他人の人生にも当てはめてみることができることが、大人のレベルでの「心の理論」の成り立ちであるということができるだろう。

終章　行動の流れの理解が「心の理論」を生む

子どもの立場から「心の理論」を捉え直す

読者のみなさんは、この本をここまで読まれて、「心の理論」についてどのようなイメージをもたれただろうか？　最後に、これまで述べてきたことを再確認するとともに、これまでの流れの中では深く立ち入ることができなかった事柄について述べてゆきたい。

「心の理論」の研究は、この四〇年のあいだに、さまざまな年齢、さまざまなタイプの子どもを対象に、さまざまな方法の誤信念課題を開発・適用する中で、膨大なデータを蓄積してきた。しかし、その結果、「心の理論」は、一般の人が身近な問題としてイメージすることがむずかしい世界になっているようにも感じられる。

そこで、この本では、これまで開発されてきた「心の理論」テストの主なものを、できる限り子どもの側から見た現場感覚で紹介するとともに、私自身が実施したテストの中で、幼児や自閉症児がどのような反応をし、どのような応答をしたかを、できるかぎり詳細かつ具体的に記すことにした。

このようにして私がいいたかったことは、「心の理論」は、それだけが独立して形成されるものではなく、出来事や行動への理解が深まる中で達成されるということである。私が実施した、サリーとアン課題や遠足課題にパスしない子どもたちは、「ボールがあるから」とか「遠足だから」と、出来事についてゴール直結型の判断をしている。しかし、パスする子どもたちは、「先に」「最初に」「知らない」「思って」など、出来事の時間経過を表すことばや途中段階での心理を表すと思われることばを用いて選択理由を説明している。つまり、出来事を、スタートとゴールが直結する過程としてでなく、あいだに途中経過が入ることばで説明するようになっている。だから「心の理論」テストにパスするということは、実は行動の過程をていねいに見つめることができるようになることであり、それをいろいろな状況にある人に当てはめることができるようになることである、と考えられる。

◥「私たちの視点」対「彼／彼女の視点」

それから、この本を通して、もうひとついいたかったことは、テストを受けにくる子どもは、他から影響を受けることのない、純粋な一個人として課題に臨んでいるのではないということである。

サリーとアン課題で、サリーが開けるのは箱と答えてしまうのは、他者であるサリーの視点でなく、自分の視点で課題を見てしまうから、と一般に解釈される。しかし、この場合の「自分」とはどのような自分で、「他者」とはどのような他者なのかを、もう一度考えてみる必要がある。

ある人が他の人の行動の先を読むということは、出来事の流れの中にその人の今を位置づけるということである。そのとき、流れのイメージが大まかであれば、大まかな流れに沿った答えを出すことになる。一方、途中経過を含む詳しい流れになっていれば、より正確な位置づけをすることになる。

「心の理論」テストにパスできなかった子どもは、スタートとゴールから成る、大まかな流れの中にサリーを置いたのではないだろうか。一方、パスした子どもは、途中経過のある流れの中にサリーを置くことができた、と考えられる。そして、この時期の子どもを取り巻く集団の動き自体が、大まかなものから途中経過のあるものへと徐々に変化していく。この時期、大人は、行動経過を表すスクリプトを中継点や分岐点のある詳細なものにすることによって子どもの集団行動のレベルが高まるように援助している。だから、たとえばサリーとアン課題では、子どもが、どのレベルのスクリプトをサリーの行動に当てはめるかによって答えは変わり、大まかなものと途中経過のあるもののあいだで揺れれば迷いが現れるのである。

そこで、結論的に述べると、「心の理論」テストに臨むとき、子どもは、「私」という個人の視点とサリーの視点を見比べているというより、その時期の行動の流れを作っている「私たち」の視点とサリーの視点を見比べているのである。そして、サリーとは普段の生活の中でかかわる人でなく物語の中の人物だから、より正確にいうと、私たちの視点から彼女の視点を見つめながら、課題に臨んでいるといえるのである。

行動を実行前、実行後、途中で見つめられるように

ここで、確認しておきたいのは、人の心は行動と密接に関係しており、それだけが独立した実体的なものではないということである。心は行動を管理する中で発生する。だから、心が発達すると行動が発達し、また、行動が発達すると心も発達する。

しかし、心と行動は密接につながっているだけに心だけを取り出して見つめるのはむずかしい。行動しながら、それをコントロールしている心について考える、ということはむずかしいのである。しかし、行動が複雑になると、成り行きまかせでなく、そもそも何のために、また、どのように行動しているのかを、あらためて考え直し、よりよいものに修正してみる必要が生

まれてくる。そこで、行動を止め、行動の前や行動の後でその内容について考えるという行動が生まれる。つまり、行動の実行部分と、その管理部分である心に相当するものが独立してくるのである。その過程は、ビジネスの分野では、マネジメント・サイクルとして、ＰＬＡＮ・ＤＯ・ＳＥＥの図式（図10－1）でよく表される。そこで、ここでも、この図式にもとづき考えてみることにしよう。

ＰＬＡＮ・ＤＯ・ＳＥＥとは、行動する前に計画し、実行したうえで反省し、その反省にもとづき次の計画を立てていくことである。このサイクル自体は経営（マネジメント）に限らず、人間のすべての行動に当てはまるものである。また、小さな修正サイクルとしては、これに相当するものが動作の実行中に生まれることがあり、それはフィードバックと呼ばれ、ヒト以外の動物の行動にも備わっているものである。

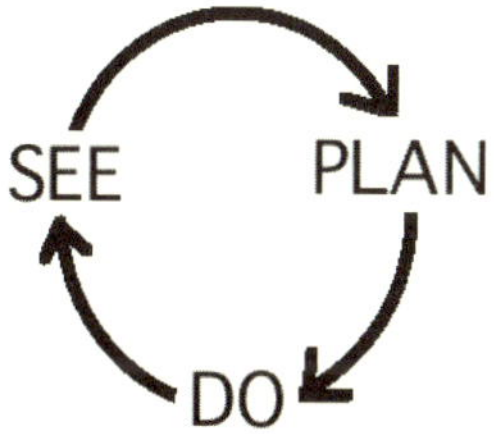

図10－1　マネジメント・サイクル

しかし、人間の場合は、行動を起こす前や終わった後に、行動を止めて、もっぱらそれについて考える時間を設けるようになり、このようなサイクルが生まれたわけである（なお、このような行動についての思考は行動の前後だけでなく、途中で行動を止めて、前後を見渡すという形で進められる場合も多い）。また、それは、９章で述べたように実行機能（すでに述べたように、この訳語は管理部でなく実行部を示しているので適切でない）と呼ばれ、人の脳の前頭前野が深くかかわっている。だから、人間の場合は、他の動物よりもずっと発達した前頭皮質をもつことになったのである。

ただし、子どもが幼い頃は、皆で行う行動のPLANの部分もSEEの部分も主に大人が管理している。だから、子ども自身の中では、このサイクルはまだあまり意識されていない。しかし、子どもが集団生活に入ると、PLANの部分は「～をします」「はじめ！」「おわり！」というような指示のもとで、大人から子どもへと提示されることが多くなってくる。しかし、まだ行動を見直すSEEの部分はあまり機能していないから、人の行動を大まかな流れの上に乗せ、結果として、たとえばサリーとアン課題では、サリーは「箱を開ける」と、ゴールに直結したルートの中にサリーを入れた答えを出してしまうのである。だが、子どもが集団の中でさらに経験を積む中で、スクリプトは多様になり、「心の理論」につながることは、この本を通して述べたとおりである。

スクリプトの多様化と集団性バイアスからの解放

ところで、以上のように見てくると、集団に入って間もない子どもが身につける行動の捉え方は、実際にまわりで起きている出来事の見方を画一化させ、認識を後退させているようにも見える。では、なぜ、このような、一見、退歩のようにも見えることが起きなければならないのだろうか？　それは、それまであいまいにしか理解されてこなかった行動の流れをルールやスケジュールとして明確にし、皆の行動をそろえるためである。また、4章で述べたように、同年齢で同じような発達状態の子どもたちが集まることで互いの同型性が認められ、行動の流れが明確になっていくからである。

けれども、このように子どもたちの行動を一律にそろえる働きは、より高いレベルで行動を見ようとするときにはバイアスとして働き、子どもたちの多様な動きを捉えられなくする。集団の活動内容が複雑になり、行動に中継点が生まれ、個人個人がたどるルートが分化してくると、それに見合った行動のシナリオを作る必要がある。それが本書で述べてきた、スクリプトの高度化である。

ちなみに、私がかつて、幼稚園でサリーとアン課題を実施したとき、課題にパスした子どもたちのうちの数人が、（私に）「やらせて」といい、サリーに相当するぬいぐるみを手に取り、最初にボールを入れた箱に近づけ、「ここかな？」「あっ、ない」「じゃ、こっちかな？」「あっ、あった！」と、セリフ付きで、その経過を詳しく実演していく様子が観察された。つまり、その子たちは、目の前の出来事をスクリプトに沿って再現していたのである。

また、幼児や障害児を対象にした教育の現場を覗くと、集団行動の中で子どものスクリプトを育てる授業を見ることが多い。たとえば、特別支援学校での調理実習では、料理の材料をそろえることから始まり、料理が完成するまでの過程が図や写真入りで詳しく説明される。また、実習が始まっても、要所要所で活動を止め、どこまで進み、これから何をするかが確認される。さらに、遅れているグループが追いつくまで待ってあげることもある。幼児や障害児は同様の活動を日常的に経験し、その中でスクリプトの細部についての認識を高めているはずである。

かつて、このような子どもたちの姿を見てきたことが、今回の、「心の理論」とスクリプトの発達とを結びつける研究へと私を導いたといえる。

ただし、研究動向という点では、一九七〇年代に始まった、子どものスクリプト形成についての研究は、残念ながら、現在、メインな研究領域になっているとはいえない。しかし、集団の中での子どもの行動発達と、その中での行動過程の理解に深くかかわる、スクリプト研究の領域は、「心の理論」の研究を子どもの実際の生活に結びつけるうえでは大切である。これは、この研究分野について浅学な私自身の見方ではあるが、従来のスクリプト研究は、集団の行動をそろえる、共有的なスクリプト形成の部分を主要な研究分野としており、スクリプトが分化し、それが集団の各構成員に多様な形で現れる段階についての研究が乏しかったように思われる。しかし、そここそが、人々の心や行動の違いを気づかせる部分であり、「心の理論」の形成につながるものであると考えられるのである。

◥誤信念課題の一人歩き

これまで述べてきたように、行動を外から見つめ、それについてあらためて考えるようになると、心は意識されるようになる。そして、行動の後先で人々は行動や出来事の内容について語り合うことができるようになる。また、行動に先立ち不安になったり、終わってホッとしたり、残念がる人の様子を見ることも多くなる。だから、このような行動が多く現れるようになれば、すでに「心の理論」は成立していると見なすことができるのである。しかし、こうした、普段の様子の観察からでなく、検査という方法で、一発で「心の理論」の成立を確かめられるようにしたのが誤信念課題であるといえるだろう。

だから、誤信念課題とは、心を意識する、人の心の働きを確かめるための一つの方法であるにすぎない、ともいえるのだが、それが子どもの発達状態や自閉症の障害特性を確かめるうえで非常にわかりやすい結果をもたらしたので一挙に注目を集めることになった、といえる。そして、誤信念の理解についての研究が蓄積してきた現在では、「心の理論」とは誤信念を理解する能力、というような印象が生まれるようにまでなっている。しかし、それは、誤信念課題が一人歩きしている状態であるといえるだろう。

◥「心の理論」一五か月成立説の登場

ところで、誤信念理解についての研究が進んできて、いろいろな実験方法が試されるようになると、この課題に四〜五歳よりもかなり早くパスする子どもたちがいることを示すデータも現れてくるようになった（Clements & Perner 1994など）。その中でも極端に早い達成時期を示しているのが、1章でも少し触れたオオニシらの研究（Onishi & Baillargeon 2005）である。

この研究は、ベイヤージョンの研究室で長く用いられてきた方法を誤信念課題に適用したものである。その方法とは、ことばをもたない赤ちゃんも、目の前で予想に反することが起きると驚き、注目するという現象を観察し、注視時間を測定するものである（Baillargeon et al. 1985など）。この方法は、期待背反法と呼ばれ、広く用いられるようになっている。たとえば、カレン・ウィンという研究者は、五か月児であっても、スクリーンの後ろに消えた二体の人形がスクリーンが取り払われた後に一体になっていると驚き、より長く注視するという現象を発見した。つまり、1＋1＝1は物理的に不可能な事態であることを知覚レベルではすでに認識していることを示そうとしたのである（Wynn 1992）。

なお、注視時間法と総称される、これらの研究方法は、主に物理事象や知覚事象に対する赤ちゃんの反応を調べるのに用いられてきたものである。オオニシらの研究はそれを心理事象にまで拡張したものだが、それらを同じような意味合いで解釈できるかどうかがここでは問題になるだろう。また、この実験手続きは非常に手が込んでおり、そのため、実験者が出した結論だけを鵜呑みにしやすい現状がある。そこで、ここでは、子どもたちが実際にどのような実験に参加していたのか、を少し詳しく紹介してみることにする。

この課題（図10－2参照）では、一五か月の幼児の前に黄色の箱と緑の箱があり、ベールでおおわれたその開口部が向き合っている。そして、箱と箱のあいだにはスイカのオモチャがあり、その背後に現れた演技女性（子どもが視線に影響されないように、目元を見えないように隠している）がスイカを取り、食べるまねをした後で、それを緑の箱の中に入れる。この後、いろいろな場面展開が用意されているのだが、その中には女性が背後に消えているあいだにスイカが他の箱に移動する場合も含まれており、ここがサリーとアン課題と共通したところなのである。

子どもは、馴化試行、誘導試行、テスト試行と呼ばれる三つの場面を順に目にすることになる。ただし、その流れは、図10－2に表したように、かなり複雑に分岐しており、誘導試行は四条件に、テスト試行はさらに二条件に分かれる。つまり、計八つの流れがあるわけで、五六人の子どもの七人ずつがそれぞれの流れに沿って課題を経験するわけである。

まず、馴化試行では、女性がスイカを食べるふりをした後、それを緑の箱に入れる。そして、いったん、つい立ての向こうに消え、再び現れると、また緑の箱に手を入れる。そして、さら

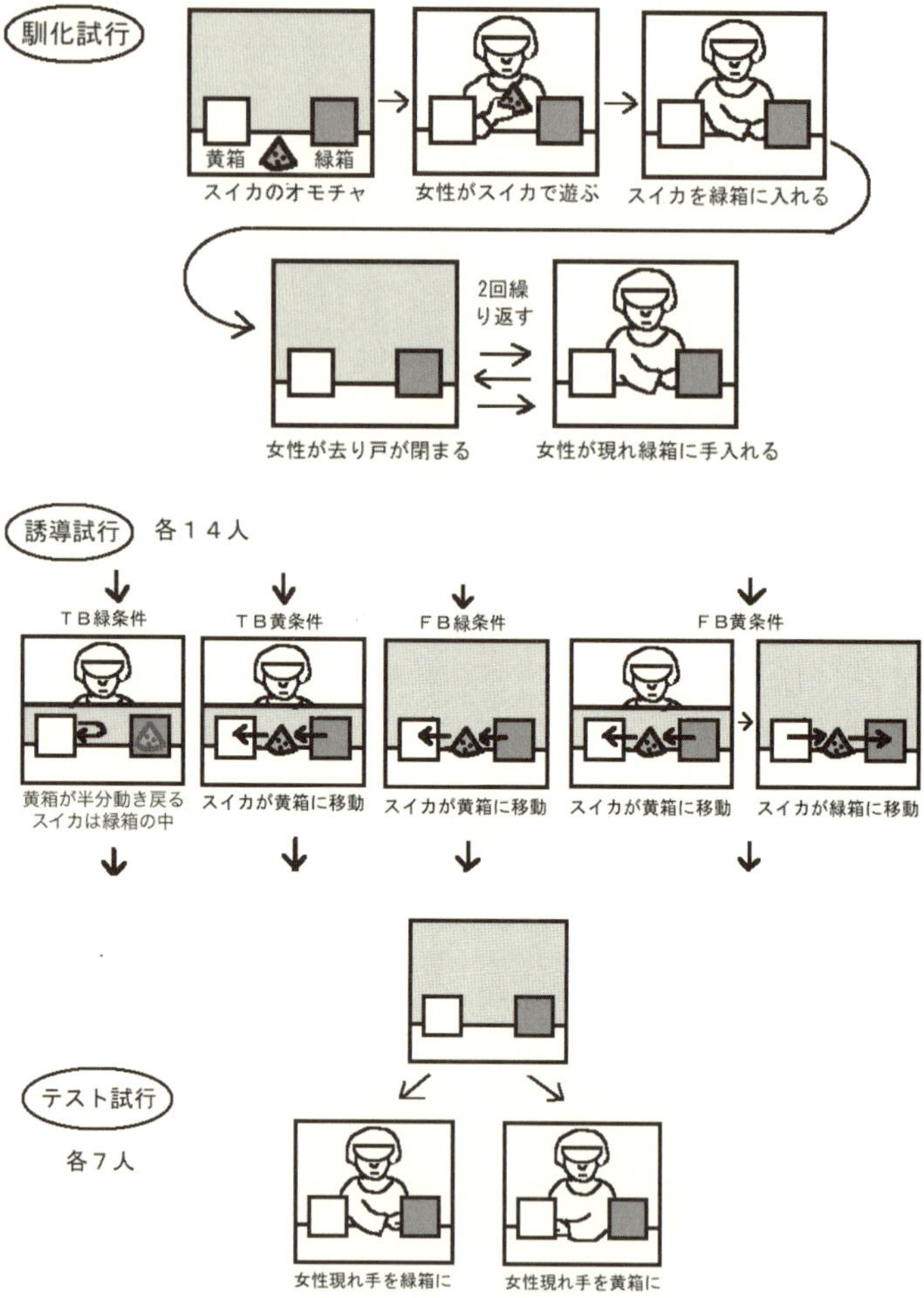

図10－2　オオニシら（Onishi & Baillargeon 2005）の実験手順（８系統各７人に分かれていく）

にもう一度これが繰り返される。つまり、女性は計三回、緑の箱に手を入れるわけで、見ている子どもは、この映像に馴らされていくわけである。

次の誘導試行は、TB（True Belief）条件とFB（False Belief）条件の二つに分かれる。TB条件では、女性はスイカの動きを見ることができ、FB条件ではつい立ての向こうにいるので見ることができない。そして、さらに、TB条件ではスイカに移動がない場合（TB緑条件）とある場合（TB黄条件）があり、FB条件では女性が見ていない状態でスイカが黄箱に移動する場合（FB緑条件）と、女性がスイカの緑箱から黄箱への移動を見た後で、不在のあいだに黄から緑への移動が生じる場合（FB黄条件）がある。なお、誘導試行でのスイカの移動は二つの箱の向かい合った側面のベールを通して人の手を借りることなく自動的におこなわれる。そして、各条件の後でテスト試行が実施された。女性が消えた後、再び登場し、緑箱または黄箱に手を入れ、そのときの注視時間が計測されたのである。

この実験は、女性は誤信念にもとづき、最後にスイカが入るのを見た方の箱に手を入れるはずであり、そうでなければ期待に反する結果なので子どもの注視時間が長くなるはずである、という期待背反法にもとづく仮説のもとで実施されている。そして、仮説どおりの結果になったので、一五か月児でも誤信念は理解されていると結論されたのである。

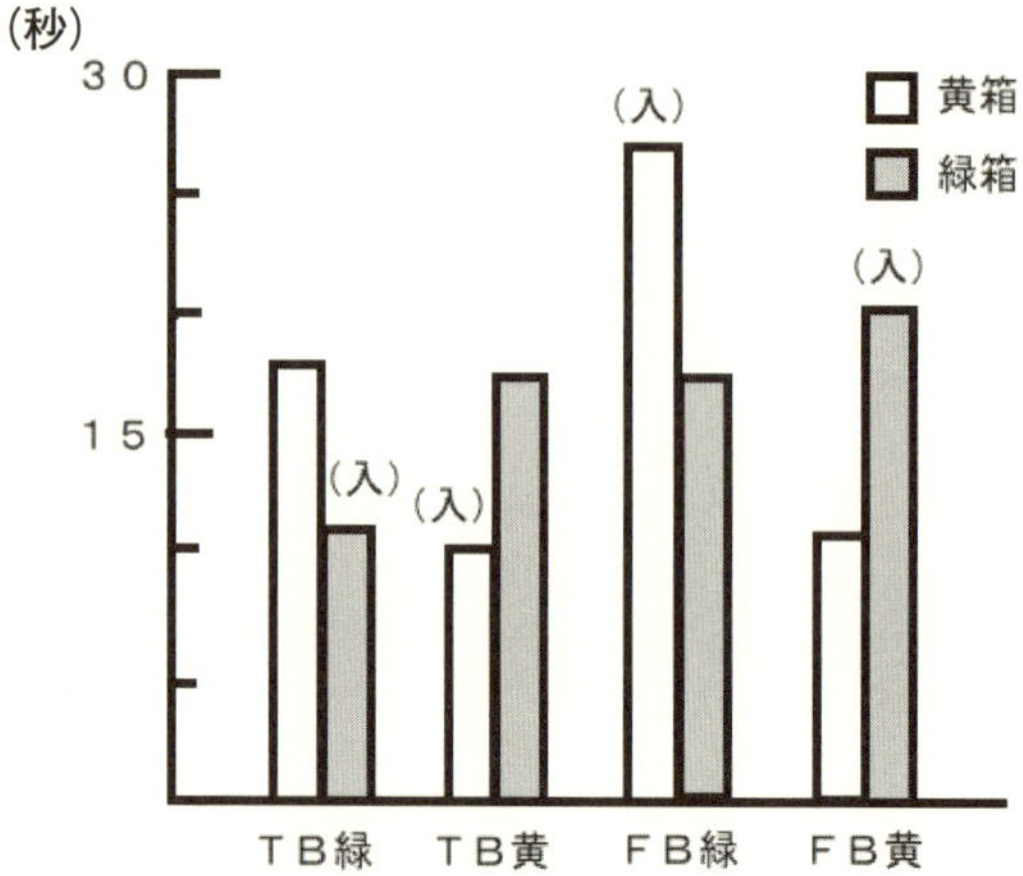

図10－3　各条件の平均注視時間（Onishi & Baillargeon 2005を改変）
図中の（入）はスイカが入っている箱を示す

◥「心の理論」一五か月成立説への疑問

この実験で観察された、八条件、各七人の平均注視時間を示したのが図10－3である。そして、一五か月児も誤信念を理解することを証明したとするのが、FB緑条件での黄箱への注視時間とFB黄条件での緑箱への注視時間の長さである。これらの場合、女性は見ていないあいだに起きたスイカの移動を知らないはずなのに、現に入っている方に手を入れている。それは女性の信念に反するので、子どもは驚き、注視し続けたと実験者は考えたのである。

この実験結果は世界の研究者から注目され、批判はあるが、全般に評価は高く、最近の「心の理論」に関する実験の中では最も注目されるものになっている（森口 二〇一八など）。けれども、私自身は、この実験から生まれた結論に対していくつかの疑問をもっている。

幼い子どもの認知活動を、ことばでなく、注視時間によって判断するという方法は画期的であり、そのため、この種の研究は、近年、増加している。しかし、注視するという行為はいろいろな理由で生まれるものである。だから、その理由についてしっかり考えておかないと、実験結果を正しく位置づけることができなくなる。

私は、この実験について、いま述べた、注視の問題も含めて、次の三点にわたる疑問をもっている（これらは、木下ほか編 二〇一一中の加藤による序章にも共通するところがある）。そこで、これらの疑問の内容について述べながら、図10-3のデータを解釈していくことにする。

一　実験方法についての疑問
二　子どもが見る場面の意味についての疑問
三　注視の意味についての疑問

第一の、実験方法についての疑問とは、最初におこなわれる馴化試行の意味についての疑問である。馴化試行は、演技女性がスイカが入るのを見た箱に手を入れるということを子どもが確認し、そのことに馴れるためにおこなわれる。だから、図10-3のTB緑条件の緑やTB黄条件の黄のように、女性がスイカが入っているところに手を入れたときには、何度も確認し、もう馴れたことなので注視は短くなっている（なお、ＴＢ黄条件では、スイカは馴化試行のように緑でなく黄箱に移っているが、一五か月の子であれば、このような対象物の移動は十分に認識できている）。一方、ＴＢ緑条件の黄やＴＢ黄条件の緑のように、入っていないところに手を入れたときには予想外だから注視が長くなる。だから、ＴＢ条件の範囲内では、馴化試行に問題はなく、期待背反法にシンプルに当てはまる結果になっている。

しかし、ＦＢ条件になると疑問が生じてくる。そこでは、馴化試行が、女性の行為に子どもを馴れさせるためだけでなく、女性の内面に信念（「スイカが入った箱に手を入れよう」という）が発生した場面として位置づけられていることである。そして、この後、女性は観察する子どもの前から何度も姿を消すわけだが、そのあいだも、この信念は女性の中で保たれており、そのことを子どもは認識している、ということになる。しかし、一五か月の子どもにこのようなことを想定することは本当に可能だろうか？　むしろ、子どもは、女性を、信念を持続的にもつ人でなく、その時々のスイカの位置に反応する人として見つめていた、と解釈できないか。このような見方のもとで、実験結果を分析してみることにしたい。

第二の疑問は、子どもが見ている場面の意味についての疑問である。この実験では、子どもの前にあるのは、もっぱら演技女性だけがかかわる場所であり、子どもは、ただ、それを観察

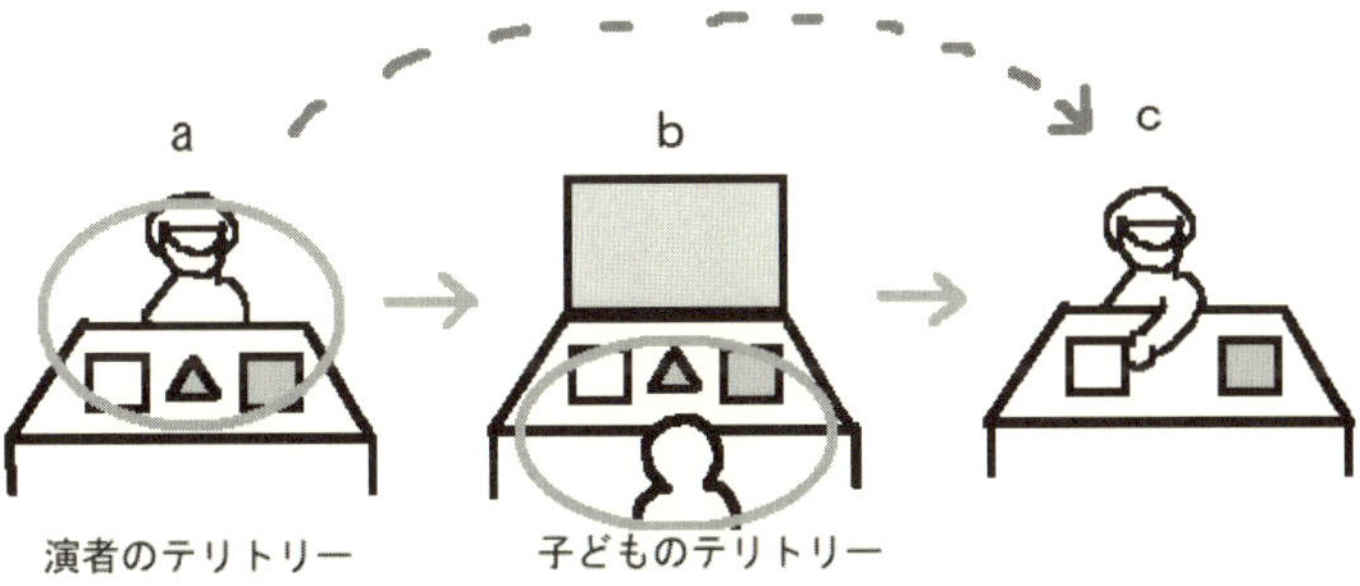

図10－4　活動テリトリーの変換

するだけであるかのように想定されている。そして、馴化試行とTB条件では、女性はスイカの移動を見、それに対して行動しているのだから、そのような場所と考えてもいいだろう。しかし、FB条件でも同じように考えてよいかどうか？　女性の姿は消え、子どもの前ではスイカの移動だけがおこなわれる。子どもはスイカの行方をじっと見守ることになるのである。

そこで、私が考えるFB条件の経過は、図10－4のようになる。馴化試行では、スイカや二つの箱は、子どもが手を出せない、女性だけの活動領域（なわばり、またはテリトリーと呼ばれるもの）の中にある。だから、それは、ただ見守るだけの世界である。しかし、誘導試行のFB条件になると女性はつい立ての裏側に消え、それらは子どもだけが相対する世界（なわばり）の事物になる。子どもは、このような、手を伸ばせば触れることができそうな状況の中で、スイカが移動するのを目で追っているのである。だから、テスト試行で女性が現れ、自分がねらっている箱の中に手を入れられれば、いわば、なわばりが荒らされたわけで、強い関心にもとづき見つめることになるので注視時間が長くなるのではないだろうか。だから、FB条件になると、図10‐3のグラフに表れているように、FB緑条件の黄やFB黄条件の緑のように、TB条件のときとは反対に、女性がスイカが入っている方の箱に手を入れたときに注視時間が長くなっていると考えられるのである。

そして、第三に、注視することの意味についての疑問がある。注視するという行為を、この実験の設計者は、注視より以前の出来事に反することが起きたときに生じると見なしている。しかし、注視というものは、これから起きそうな出来事への期待によっても起きるものである。特に、図10‐3のFB条件に現れているような、数十秒にも及ぶ長い注視時間は以後の出来事を待ち受けるための注視と考えた方が自然である。馴化試行では、女性が箱に手を入れたままの状態が繰り返されるので、TB条件では次の行為への期待が生じにくいことは理解できる。しかし、FB条件では、第二の疑問のところで述べたように、子どもにとって場面の意味が変わっている。一歳前後というのは、ピアジェの研究（ピアジェ 一九六七など）でも示されているように、子どもが物の出し入れなどをさかんにおこなう発達期である。だから、箱に入れられた手が次の動作をおこなうのを期待すると考えられるのである。

FB条件で、女性がスイカが入っている方の箱に手を入れたとき、子どもは、次に女性が箱からスイカを取り出す行為を期待するのではないだろうか。また、スイカが入っていない箱に手を入れたときにも、次に女性が別の箱に手を移す行為を期待する可能性がある。このことが、FB条件全体にわたる注視時間の長さを導き出したと考えられる。ただし、データが示すように、スイカを取り出す行為への期待度と比べると、手の移動への期待度は相対的に小さいものと判断される。なお、FB緑条件と比べてFB黄条件での注視時間が相対的に短いのは、この条件では女性がいる状態といない状態で移動が二重に繰り返されていることの負担で子どもの注意が分散したと考えられる。

以上述べたように、この実験は、あらかじめ一五か月児にも誤信念を理解する能力が備わっているという仮説にもとづき、期待背反法という実験手法とそれに見合った解釈のもとで検査を実施し結論を出しているわけだが、子どもの側から検査場面を見るようにすると異なる解釈が可能になると考えられる。私の解釈では、一五か月児は誤信念の理解ができているとは結論できないのである。先に述べたように、誤信念課題は、現在では、新しい手法によって次々に実施され、データが出されているが、その中身をのぞいてみると、さまざまな解釈が可能となる。このことはもっと強調されるべきである。

第二者（あなた）の心から第三者（彼／彼女）の心へ

私たちは、そばにいてともに行動する人の心なら、いわゆる「心の理論」が成立するとされる四～五歳よりもかなり前から読み取ることができる。「さあ。行くよ！」とか「ちがう。待って！」とか「だめ！　やめなさい」というような相手からのメッセージは、ことばだけでなく、視線や表情や身振りなどでも子どもは理解できる。また、このようなレベルでの心の読み取りなら、人以外の動物でも可能な場合がある。たとえば犬の場合は、常に飼い主の命令や表情や素振りをうかがい、人とともに行動しようとする。しかし、犬の場合は、実際の行動から離れて、行動を事前に計画したり、後で反省するということはない。そこが、狭義の「心の理論」をもつ人と違うところである。

ところで、いま紹介したオオニシらの研究の場合、演技女性は子どもの目の前にはいるが、視線を隠し、また、子どもに、ことばなどで直接に働きかけることをしない。だから、すぐそばにいながら、ともに行動する、あなた的な存在ではなく、第三者的な遠い存在である。その意味では、この年齢では、心を読むことができる存在ではないはずである。にもかかわらず、心を読むことができるとしたら、そこには通常考えられるのと全く異なるメカニズムが働いていることになるが、それについては説明がなされていないのである。

もし、この年齢で心が読めるとしたら、ひとつの可能性として、私‐あなた関係が発達する前の自他一体型の認識が働いていることが考えられる。私‐あなた関係が発達する中で自己と他者は区別されるようになっていくからである。しかし、これはあくまでも可能性の話なので、これ以上立ち入らないことにする。

ここで、私がこの本で述べてきたことを要約すると、「心の理論」の形成は、次の二段階を経ると考えられる。

第一段階―相手の行動の意図をともにおこなう行動の中で理解する。

第二段階―第三者の行動の意図をその人の行動を外側から見ることで理解する。

第一段階では、子どもは身近な人と一緒に行動しながら、相手の視線や身振りやことばによって意図や行動の流れを知る。そして、お互いの行動にズレがあれば、やはりこれらの手段を用いて行動はそろえられる。この段階では、このように行動の中でズレは調整され、行動が終了してからは、それについて振り返ることがほとんどないのである。

これが、3章で、二種類の他者と二種類の「心の理論」として述べたもののうちの第一のものであり、子どもが集団的な規律の世界に入る前の、主に親子関係の中で形成されるものである。

一方、第二段階の「人」とは、「あなた」であるだけでなく、「彼／彼女」であり、また、「私」や「私たち」でもある。この段階では、子どもは、行動を行動の外から、つまり、行動が始まる前や終わった後、あるいは行動を途中で止めた時点で見つめることになる。だが、それができるためには、行動の流れが行動から独立して表象になっている必要がある。それを、この本ではスクリプトと呼んでいるのである。スクリプトは、人々が共通して経験するシナリオのようなものなので、私の行動にも、あなたの行動にも、彼／彼女の行動にも当てはまるのである。

サリーとアン課題など、いわゆる誤信念課題で問われるのは彼／彼女（第三者）の心である。だから、一般に「心の理論」と呼ばれるものが成立するのは、この第二段階に入ってからである（ただし、その初期には行動の捉え方が大まかなのでバイアスが働くことになる）。しかし、行動の最中の第二者（あなた）の心に限定すれば、子どもは、すでに第一段階でも他者の心を読もうとしているのである。

◥「私」「あなた」「彼／彼女」を包み込む「私たち」という場

ところで、この第二段階の「心の理論」が成立するには集団の場が必要になる。それは、そこに「私たち」という場があるからである。いま述べた、行動についての表象、つまりスクリプトには、始めがあり終わりがあり途中がある。それは、私にも、あなたにも、彼／彼女にも、つまり「私たち」に共通する行動の流れである。また、「はじめ」「おわり」「～してから」「もし〜だったら」などスクリプトを表すことばも「私たち」全体に通じることばであり、さらにいうなら、そこで使われる「ことば」というもの自体が人類という大きな規模の「私たち」が生みだし、共通して使われているものである。だから、子どもにとって集団に入るということは、それまで非常にローカルなことばによって表されていた行動の世界をグローバルなことばで表される世界に変換し始めるということになる。

ただし、このような移行は一挙にはおこなわれない。最初は親に代わる大人が示す簡単なルールで行動はイメージされる。そして、同じように行動する、まわりの子どもたちと自分の同型性を認める中で、それは「私たち」の行動の流れとなっていく。しかし、それはまだスタートからゴールに向かう大まかなスクリプトでイメージされているので、サリーとアン課題のサリーのような立場も、無理やり大まかな「私たち」の行動の流れに入れてしまうのである。つまり、この段階の初期には「私たち」の行動表象にはサリーのようなケースが入っていないのである。つまり、この時期での「私たち」はまだ、身近な場所でともに行動できる、私−あなた関係にもとづいていて、そこにはまだ、サリーのような、直接働きかけられない人、つまり「彼女」に相当する人物は含まれていない。

しかし、8章で述べたように、集団の幅が広がり、彼/彼女に相当する者がそこに含まれるようになり、行動の流れやその表象も分岐してくる中で、サリーのような位置にある人物の行動も予想できるようになる。それが、一般にいわれる「心の理論」の成立と考えられるのである。

◥「心の理論」に作用する共感成分と認知成分

ところで、このような、心と行動の理解は、どのような種類の心の働きによって作られるのだろうか？　その答えは8章でも述べたように、第一に、人がもつ共感的な心の働きであり、第二に、認知的もしくは論理的な心の働きによってであると考えられる。そして、この二つの心の働きは、「心の理論」の形成に作用するだけでなく、それを阻害する集団性バイアスの形成にも作用するのではないか、と思う。そこで、ここでは、後者の、バイアスへの作用について、まず考えてみることにしよう。

序章や1章で述べたように、保育園や幼稚園のような集団活動の場では、まずは、集団の動きをそろえることが目標とされる。すると、そこに参入する子どもたちは、皆と一緒に動けているか、皆と一緒にゴールに行き着けたか、を常に気にかけるようになる。そして、一緒に行動することに満足感や安堵感を感じ、遅れたり、外れたりすれば焦りを感じる。このような、共感的な心理は子どもたちをまとめるうえで有効に働くが、一方で、行動の見方がまだ一律的で、「心の理論」を形成するうえではバイアスになるのである。

また、一方で、集団行動を統制するにはさまざまなルールや行動の細則にあたるスクリプトが作られる。すると、人の行動をこのような基準に当てはめようとする認知的な心の働きが芽生える一方で多様性を捉えきれず、「心の理論」を形成するうえではやはりバイアスになるのである。

しかし、集団活動が発達し、その動きが複雑になると、内部に遅れる子、脇道にそれる子、独自の動きをする子などが生まれてくる。このような場合、自分や身近な子どもがかつてそうであったとか、そうなるかもしれない、あるいは、ああなりたい、という共感的な理解が生まれ、それが「心の理論」の形成を助けると考えられるのである。また、一方で、ルールやスクリプトにも多様性が生まれ、「〜かもしれない」「もしこうなったら……」というような想定ができるようになる。このような認知的・論理的な成長も「心の理論」の形成を助けると考えられるのである。

共感成分と認知成分は、実際には分離したものではなく、補い合いながら「心の理論」を形成すると考えられる。しかし、子どもの中にも個人差があるので、一方がより優勢に働くということはあるだろう。すでに8章で述べたように、バロン＝コーエン（二〇〇五）は、男性脳はシステム志向が強く、女性脳は共感志向が強い、という説を示している。この説に従えば、男児は認知成分により強く依存し、女児は共感成分により強く依存する傾向があると考えられる。

ところで、他者の心を理解するという「心の理論」の働きには常識的に考えると、他者への共感という心の働きを優先して結びつけたくなるところである。また、このように考えると、「心の理論」の達成は女児の方が早いという予想が生まれやすい。しかし、8章で関連研究を紹介しながら述べたように、そこに性差といえるほどのものは表れていないようである。その理由は、「心の理論」は共感と認知という二つの方向からの作用を受けながら形成されるため、と考えられるのである。

◥自閉症児の場合

ところで、これも7章以下ですでに述べたように、バロン＝コーエンによれば、自閉症者はシステム志向が強く共感性が乏しい、という特性が強く表れた、極端な男性脳をもつ人々であり、同時にまた「心の理論」の形成が遅れやすい人々である。このようなことからも、「心の理論」は共感性の方に結びつけて理解されやすい。

しかし、自閉症者の「心の理論」の成り立ちにくさは共感性の乏しさだけでなく、そのシステム志向性とも深く関係していると考えられる。自閉症者（ここでは自閉症児）には物事の手順や道順へのこだわりがよく見られる。また、ゴールに達するまでやめようとしない行動もよく見られる（これは、自閉症の固執性として診断基準にも記されているものである）。この特性は、集団の中では、作られたルールや行動スクリプトへのこだわりとして現れる。すると、サリーとアン課題のような「心の理論」テストでは、サリーの行動をスタートからゴールに至る完成したスクリプトの上に乗せようとすることになるのである。つまり、先に述べたように、集団性バイアスにも共感成分と認知成分が働くと考えられるが、自閉症者の場合は、このうち後者が強く働くと考えられる。

ただし、自閉症者の、このようなシステム志向性はマイナスの方向にだけ働くとは限らない。「心の理論」獲得のための支援もまた、彼らにとってわかりやすい、認知的・システム的な方法が有効である。4章や8章で紹介したような、スケジュールの構造化やソーシャル・ストーリーを用いた支援は、出来事の時間的・空間的な関係性をわかりやすく表したものなので、認知的支援と考えられるのである。

自閉症者も成長とともに「心の理論」テストにパスする者が多くなる。それは、その間に、彼らが経験を重ねるとともに、認知能力自体を高めたためと考えられる。7章で紹介した、「心の理論」テストにパスした自閉症児のことばの中には「最初」「さっき」「たぶん」「かもしれない」というような、時や可能性などを表す論理のことばが多く含まれていた。また、彼らの理由づけが幼児と比べて迷いのない速いものだったのも特徴的なことだった。これも、彼らが共感成分よりも認知成分を用いて判断していることを表しているのではないか、と思う。共感的な判断はまわりの人々の反応を気にしながらおこなわれるものである。これに対して認知的な判断では論理システムに照らすことによって速やかに答えを出すことができる。自閉症児に現れた答えの速さは、このような背景から生まれたのではないか、と思う。

◤三種類の他者

それから、最後にもう一度、触れておきたいのは、「心の理論」とは他者の心を読む心の働き、というけれど、ここでいう他者とは誰か？という問題がある。欧米には、人と人の関係を見るときに、「自己と他者」という枠組みで考える伝統がある。そして、欧米の国々の中で生まれた「心の理論」というテーマも、この枠組みのもとで作られ、議論されてきたといえる。

しかし、実際には、他者とはひとくくりにできるものでなく、図10-5に表したように、その中に三種類がある、と考えられる。これは、3章で述べた、「あなた」と「彼/彼女」という二種類の他者のあいだに、「私」が属する集団の中の他者という、もうひとつの他者を加えたものである。

集団とは、4章と6章と、さらに本章でも先に述べたように、皆が共有するスクリプトを確認する場所であるとともに、次第に、そこに含まれる人々のスクリプトの違いに気づくように

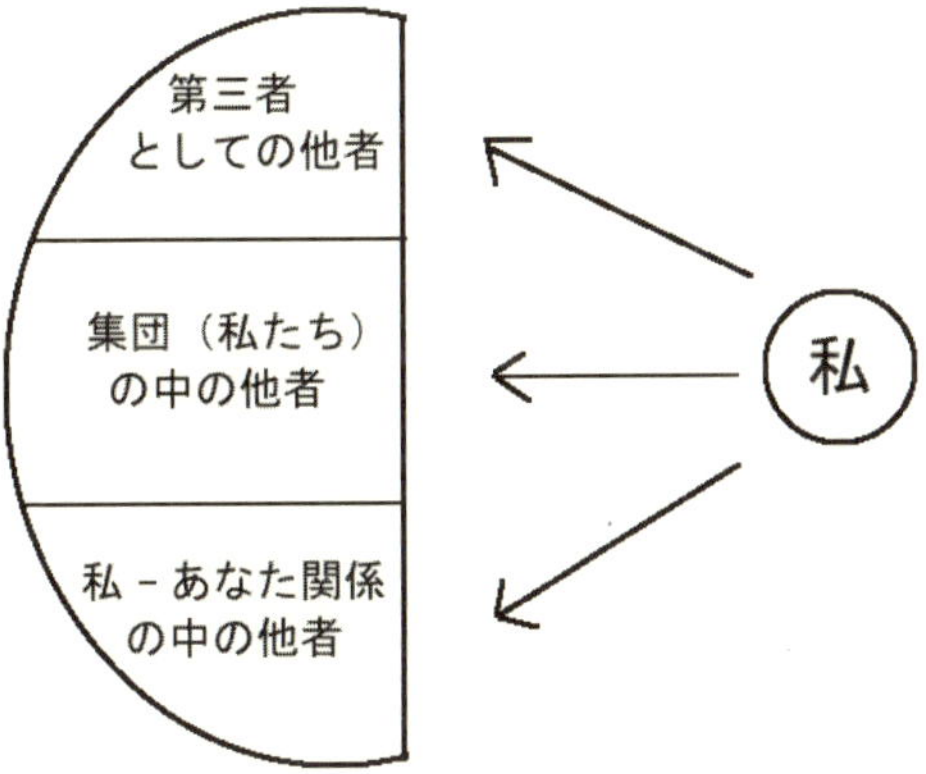

図10－5　3種類の他者と「私」の関係

なる場所でもある。そして、子どもは、そこで蓄えられたスクリプトを、やがて集団の中の遠い位置にいる人や外部の人、つまり第三者にも適用し、その心を読むようになるのである。

ただ、この、集団のあり方が日本と欧米では同じではない。日本では、集団を作る場所は家庭内の私－あなた関係に近く、先生は、一人一人の子どもをていねいに指導し、その動き全体をそろえようとする。一方、欧米の子どもは放任されることが多く、自由に行動する中で、お互いのスクリプトのズレをより早く意識するようになると考えられる。また、そのようにして蓄えられたスクリプトは、集団外の第三者にも当てはめやすくなるのである。

つまり、3章や8章で、日本人論や日本語の特性を援用しながら述べたように、日本では、家庭や集団内の人々の距離が近く、その外にいる人々との距離は一挙に開き、その人々は、いわゆる「他人」という位置に置かれるのである。一方、欧米では、家庭や集団内で、人々は、ほどほどの距離を保ちながらかかわりをもち、その距離感は、集団外の第三者に向けても、あまり大きな変更がなく適用される。つまり、図に示した、三種類の他者のあいだの違いは日本と比べると小さく、一体のものとして捉えやすいのである。このことが、欧米で、他者をひとくくりにする伝統を生むと同時に、「心の理論」の達成を日本の子どもよりも幾分早めているのではないか、と思う。

だが、このような、他者についての欧米的な、大まかな捉え方は、子どもが発達の中で、どのような過程を経て、他者というものを理解するようになり、その心を読むようになるか、を考えていくうえでは妨げになるのではないか、と思う。三種類の他者は、その境目は日本ほど明確でなくても、欧米にもやはり、存在する。そして、子どもは、近いところから遠いところへと、徐々に人間関係を広げながら人の心をより深く理解するようになる、という過程自体は同じはずなのである。

それから、この、三種類の他者のあり方は、日本人の大人にとっても大きな問題を投げかけているだろう。日本人の、身内の人々に対する親密さや気遣いは、そこに新たに入ってくる人々への気遣いとしても生かされるようになり、「おもてなし」の文化（これは高度な「心の理論」の様式である）として国際的にも評価されるようになっている。しかし、一方で、日本人は、互いに距離があり、独立した関係にある人々に対する行動は、いまでも相変わらず苦手としている。このような問題についてさらに考えていくことは、日本人にとっても、また、「心の理論」というテーマにとっても大きな課題となるだろう。

以上述べてきたことを短くまとめると、人の対人理解は私-あなた関係で行動を合わせることができるようになることから始まり、「私たち」という場の中で人々の行動の共通性と同時に多様性をスクリプトという表象のもとで理解するようになることを経て、第三者（彼／彼女）の行動経過をもイメージできるようになる。その中で、背後で行動を制御している心をより高いレベルで読むことができるようになるのである。「心の理論」とは、このような発達過程の中で達成されるものなのであり、ただ誤信念課題にパスできるかどうかだけに還元できる問題ではない。それは個人の中だけで生み出されるものではなく、社会・文化的な背景のもとで作られていくものなのである。その意味では、このような子どもの発達過程がとどこおりなく実現されるように支援していくことこそが、大人たち、あるいは社会が果たすべき使命であるといえるだろう。

本書では、以上のような考えにもとづき、第一に、「心の理論」テストを、より社会的な行動に沿うものに作りかえる試みをした。しかし、その試みはまだほんの一例である。今後は他の方法についても検討していく必要があるだろう。

また、本書では、第二に、「心の理論」が、子どもたちが日常的に経験する社会的行動の中でスクリプトを発達させ、実現されるものであることを示した。今後は、ここで述べたことが実際の社会や教育現場でどのように実現され、それが「心の理論」にどう結びつけられているかを、より具体的に示していくことが必要だろう。

あとがき

「心の理論」は、今では、子どもの発達にかかわる誰もが気にすることばになっている。しかし、その正体はわかりにくく、専門家だけが立ち入る分野になりつつある。このため、人々は、横目でそっと、このことばを見つめながら、通り過ぎていくのが現状である。しかし、「心の理論」は、人の心を読む能力なのだから、子どもが人々とかかわる中で形成されていくはずである。だから、人々がかかわる、その現場から離れたところで議論が進められているのは非常に残念な状態である。

本書で述べてきたように、心を読む行為は、行動を読む行為から生まれる。そして、行動を高いレベルで読むためには、行動とそれを包む出来事のしくみについてあらかじめ知っておくことが必要になる。この、行動と出来事のしくみを表すものが本書の中で何度も説明してきたスクリプト（台本）である。スクリプトは集団の中で作られ共有される。だから、「心の理論」を、それが生み出される現場に返すためには、スクリプトというものがキーワードになりそうである。

そこで、このキーワードをめぐる議論を生むためのささやかな試みとして、本年、二〇一八年の発達心理学会で、「『心の理論』をスクリプトの視点で捉え直す」と題するラウンドテーブルを企画した。幸い、長年、「心の理論」に取り組んでこられた子安増生氏と木下孝司氏にコメントをいただき、また、ちょうど「心の理論」とスクリプトの関係をテーマに研究を進めている、京大院生の柳岡開地さんにも話題提供をしていただくことができた。企画には多くの方にご参加いただき、私にとっては、このテーマの重要性を確認することができる大切な会となった。

また、この企画がきっかけとなり、長年、障害児の発達とスクリプトの問題について取り組んでこられた、長崎勤氏と佐竹真次氏よりお誘いがあり、コミュニケーション発達支援とスクリプト研究会で講演をさせていただいた。この研究会でも、ちょうど、スクリプトと「心の理論」を結びつけようとする動きが始まっていたのである。

「心の理論」というテーマが現れて四〇年。このテーマを現場と子どもたちのもとに返す動きはすでに始まっているのかもしれない。このような中で、私の努力の範囲を越えて、このテーマが子どもの発達にかかわる多くの人々が共有できるものになっていくことを期待する。

この本には、理論研究に加え、関連する実験研究をいくつか織り込んでいる。その実施に当たっては、多くの方々に助けていただいた。福井大学教育学部附属幼稚園と特別支援学校の生徒と先生方には多大なご支援をいただくことになった。また、私立北郷《きたごう》わしのこ保育園にもご協力いただいた。さらに、福井大学教育地域科学部（現在は教育学部）障害児教育コースの多くの学生の皆さんと当時の大学院生、門美幸さんには実験に協力していただいた。また、私が福井大学で主宰してきた自閉症児の療育教室に療育者として参加してこられた小坂正栄さんと学生諸氏からもご支援をいただいた。ここに謝意を表したい。

また、出版に当たっては、新曜社の皆様にお世話になった。特に、編集部の田中由美子さんには、いつもながら、原稿の細部にまで何度も目を通していただき、その過程で、私自身の思考を深めていくことができた。ここに、感謝の意を表したいと思う。

和文文献

赤木和重『アメリカの教室に入ってみた』ひとなる書房　二〇一七
American Psychiatric Association（編）（高橋三郎・大野裕監訳）『ＤＳＭ－５　精神疾患の分類と診断の手引』医学書院　二〇一四
尾崎康子・森口佑介（責任編集）『社会的認知の発達科学』（日本発達心理学会編　発達科学ハンドブック９）新曜社　二〇一八
木下孝司・加用文男・加藤義信（編）『子どもの心的世界のゆらぎと発達』ミネルヴァ書房　二〇一一
キヨノサチコ（作・絵）『ノンタン　ぶらんこ　のせて』偕成社　一九七六（二版　二〇〇八）
キヨノサチコ（作・絵）『ノンタン　あわ　ぷくぷく　ぷぷぷう』偕成社　一九八〇（二版　二〇〇八）
熊谷高幸「自閉症児のカード分類反応について――前頭葉機能にかんする実験」福井大学教育学部紀要第Ⅳ部三二号　七五－八九　一九八三
熊谷高幸「自閉症児のカード分類反応――前頭葉機能障害仮説の検討」特殊教育学研究　二一巻四号　一七－二三　一九八四
熊谷高幸「『心の理論』成立までの三項関係の発達に関する理論的考察――自閉症の諸症状と関連して」発達心理学研究　一五巻一号　七七－八八　二〇〇四
熊谷高幸『自閉症　私とあなたが成り立つまで』ミネルヴァ書房　二〇〇六
熊谷高幸『日本語は映像的である――心理学から見えてくる日本語のしくみ』新曜社　二〇一一
熊谷高幸『自閉症と感覚過敏――特有な世界はなぜ生まれ、どう支援すべきか？』新曜社　二〇一七

コーエン、G（川口潤訳者代表）『日常記憶の心理学』サイエンス社　一九九二
子安増生『心の理論――心を読む心の科学』岩波書店　二〇〇〇
子安増生（編）『「心の理論」から学ぶ発達の基礎』ミネルヴァ書房　二〇一六
佐々木正美『講座 自閉症療育ハンドブック――TEACCHプログラムに学ぶ』学習研究社　一九九三
澤口俊之『発達障害の改善と予防――家庭ですべきこと、してはいけないこと』小学館　二〇一六
土居健郎『「甘え」の構造』弘文堂　一九七一
ドイル、アーサー・コナン（深町眞理子訳）『シャーロック・ホームズの冒険』東京創元社（創元推理文庫）二〇一〇
トマセロ、マイケル（大堀壽夫ほか訳）『心とことばの起源を探る』勁草書房　二〇〇六
トレヴァーセン、C／エイケン、K／パプーディ、D／ロバーツ、J（中野茂ほか監訳）『自閉症の子どもたち――間主観性の発達心理学からのアプローチ』ミネルヴァ書房　二〇〇五
内藤美加「〝心の理論〟の概念変化――普遍性から社会文化的構成へ」心理学評論　五四巻三号　二四九-二六三　二〇一一
内藤美加「〝心の理論〟の社会文化的構成――現象学的枠組みによる認知科学批判の視点」発達心理学研究　二七巻四号　二八八-二九八　二〇一六
長崎勤・佐竹真次・宮崎眞・関戸英紀（編）『個別教育計画のためのスクリプトによるコミュニケーション指導』川島書店　一九九八
中根千枝『タテ社会の人間関係』講談社現代新書　一九六七
ハドソン、ジュディス（首藤敏元訳）「出来事の理解――スクリプト知識の発達」（ベネット、M編（二宮

克美・子安増生・渡辺弥生・首藤敏元訳）『子どもは心理学者』６章）福村出版　一九九五
服巻智子「自閉症支援　見えない心に、よりそって」（茂木健一郎・NHK「プロフェッショナル」制作班編『プロフェッショナル 仕事の流儀――あえて、困難な道を行け』）日本放送出版協会　二〇〇八
バロン＝コーエン、サイモン（長野敬・長畑正道・今野義孝訳）『自閉症とマインド・ブラインドネス（新装版）』青土社　二〇〇二
バロン＝コーエン、サイモン（三宅真砂子訳）『共感する女脳、システム化する男脳』日本放送出版協会　二〇〇五
バロン・コーエン、サイモン／フラスバーグ、ヘレン・ターガー／コーエン、ドナルド・J（編）（田原俊司監訳）『心の理論――自閉症の視点から』（上・下）八千代出版　一九九七
ピアジェ、ジャン（波多野完治・滝沢武久訳）『知能の心理学』みすず書房　一九六七
開一夫『赤ちゃんの不思議』岩波新書　二〇一一
フリス、ウタ（冨田真紀・清水康夫・鈴木玲子訳）『新訂 自閉症の謎を解き明かす』東京書籍　二〇〇九
ブルーナ、ディック（いしいももこやく）『うさこちゃんとゆうえんち』福音館書店　一九八二
プレマック、デイヴィッド／プレマック、アン（長谷川寿一監修、鈴木光太郎訳）『心の発生と進化』新曜社　二〇〇五
別府哲・野村香代「高機能自閉症児は健常児と異なる『心の理論』をもつのか――『誤った信念』課題とその言語的理由付けにおける健常児との比較」発達心理学研究　一六巻三号　二五七-二六四　二〇〇五
ミッチェル、ピーター（菊野春雄・橋本祐子訳）『心の理論への招待』ミネルヴァ書房　二〇〇〇

森口佑介「社会的認知と心の発達」（日本発達心理学会編　発達科学ハンドブック9『社会的認知の発達科学』第1章）新曜社　二〇一八
山口明穂・秋本守英（編）『日本語文法大辞典』明治書院　二〇〇一
やまだようこ『ことばの前のことば』新曜社　一九八七
ルリヤ、A（天野清訳）『ルリヤ現代の心理学』（上・下）文一総合出版　一九八〇
わかやまけん『こぐまちゃんのどろあそび』こぐま社　一九七三

英文文献

Baillargeon, R., Spelke, E. S., & Wasserman, S. (1985). Object permanence in five-month-old infants. *Cognition, 20*, 191–208.
Baron-Cohen, S. (1989). The autistic child's theory of mind : A case of specific developmental delay. *Journal of Child Psychology and Psychiatry, 30*, 285–297.
Baron-Cohen, S., Leslie, A. M., & Frith, U. (1985). Does the autistic child have a "theory of mind"? *Cognition, 21*, 37–46.
Charman, T., Ruffman, T., & Clements, W. (2002). Is there a gender difference in false belief development? *Social Development, 11*, 1–10.
Clements, W. A., & Perner, J. (1994). Implicit understanding of belief. *Cognitive Development, 9*, 377–395.
Dennett, D. C. (1978). Beliefs about beliefs. *Behavioral and Brain Sciences, 1*, 568–570.

Gray, C. (1994). *The new social story book*. Arlington, TX : Future Horizons.

Kanner, L. (1943). Autistic disturbances of affective contact. *Nervous Child, 2*, 217–250.

Leslie, A. M., & Thaiss, L. (1992). Domain specificity in conceptual development : Neuropsychological evidence from autism. *Cognition, 43*, 225–251.

Lewis, C., Freeman, N. H., Hagestadt, C., & Douglas, H. (1994). Narrative access and production in preschoolers' false belief reasoning. *Cognitive Development, 9*, 397–424.

Milner, B. (1963). Effects of different brain lesions on card sorting : The role of the frontal lobes. *Archives of Neurology, 9*, 90–100.

Mundy, P., & Sigman, M. (1989). The theoretical implications of joint-attention deficits in autism. *Development and Psychopathology, 1*, 173–183.

Naito, M., & Koyama, K. (2006). The development of false-belief understanding in Japanese children : Delay and difference? *International Journal of Behavioral Development, 30*, 290–304.

Nelson, K. (1988). The ontogeny of memory for real events. In U. Neisser & E. Winograd (Eds.), *Remembering reconsidered : Ecological and traditional approaches to the study of memory* (pp. 244–276). Cambridge, UK : Cambridge University Press.

Nelson, K., & Gruendel, J. (1986). Children's script. In K. Nelson (Ed.), *Event knowledge : Structure and function in development* (pp. 21–46). Hillsdale, NJ : Lawrence Erlbaum Associates.

Onishi, K. H., & Baillargeon, R. (2005). Do 15-month-old infants understand false beliefs? *Science, 308*, 255–258.

Perner, J., Frith, U., Leslie, A. M., & Leekam, S. R. (1989). Exploration of the autistic child's theory of mind : Knowledge, belief, and communication. *Child Development, 60*, 689–700.

Premack, D., & Woodruff, G. (1978). Does the chimpanzee have a theory of mind? *Behavioral and Brain Sciences, 1*, 515–526.

Rumsey, J. M. (1985). Conceptual problem-solving in highly verbal, nonretarded autistic men. *Journal of Autism and Developmental Disorders, 15*, 23–36.

Russell, T., Tchanturia, K., Rahman, Q., & Schmidt, U. (2007). Sex differences in theory of mind : A male advantage on Happé's "cartoon" task. *Cognition and Emotion, 21*, 1554–1564.

Schank, R. C., & Abelson, R. P. (1977). *Scripts, plans, goals, and understanding*. Hillsdale, NJ : Lawrence Erlbaum Associates.

Siegal, M., & Beattie, K. (1991). Where to look first for children's knowledge of false beliefs. *Cognition, 38*, 1–12.

Wimmer, H., & Perner, J. (1983). Beliefs about beliefs : Representation and constraining function of wrong beliefs in young children's understanding of deception. *Cognition, 13*, 103–128.

Wynn, K. (1992). Addition and subtraction by human infants. *Nature, 358*, 749–750.

Zaitchik, D. (1990). When representations conflict with reality : The preschoolers' problem with false beliefs and "false" photographs. *Cognition, 35*, 41–68.

【た行】

【な行】

【は行】

【ま行】

【や・ら・わ行】

索　引

著者紹介

熊谷高幸（くまがい・たかゆき）

1947年愛知県に生まれる。早稲田大学第一文学部フランス文学専攻卒業。印刷会社に勤めながら法政大学夜間部で２年間心理学を学ぶ。東北大学大学院教育学研究科博士課程単位取得退学。

現在、福井大学教育地域科学部教授を経て名誉教授。福井工業大学講師。専門は自閉症者のコミュニケーション障害とその支援。

現在は，これに加えて，日本語についての研究も進めている。

著書には『自閉症の謎 こころの謎：認知心理学からみたレインマンの世界』ミネルヴァ書房，『自閉症からのメッセージ』講談社，『自閉症：私とあなたが成り立つまで』ミネルヴァ書房，『日本語は映像的である：心理学から見えてくる日本語のしくみ』『タテ書きはことばの景色をつくる：タテヨコふたつの日本語がなぜ必要か？』『天才を生んだ孤独な少年期：ダ・ヴィンチからジョブズまで』『自閉症と感覚過敏：特有な世界はなぜ生まれ、どう支援すべきか？』以上，新曜社，などがある。
■ e-mail : kumagai.fp@dream.jp

新曜社

「心の理論」テストは
ほんとうは何を測っているのか？
子どもが行動シナリオに気づくとき

初版第１刷発行　2018年10月１日

著　者　熊谷高幸
発行者　塩浦　暲
発行所　株式会社　新曜社
101-0051　東京都千代田区神田神保町３－９
電話（03）3264-4973（代）・FAX（03）3239-2958
e-mail : info@shin-yo-sha.co.jp
URL : https://www.shin-yo-sha.co.jp
印　刷　星野精版印刷
製　本　積信堂

ISBN978-4-7885-1597-0 C1011